AF557559

Andrea Poßberg
Corinna Böckmann

Jagd auf die Müllmafia

Pauline Behring, genannt Pauli, ist 10 Jahre alt, ziemlich selbständig und behält immer den Durchblick. Wegen ihrer Eltern, die übrigens stinkreich sind, muss sie ständig zum Ballett- und Klavierunterricht. Da geht sie auch brav hin, damit sie sonst machen kann, was sie will.

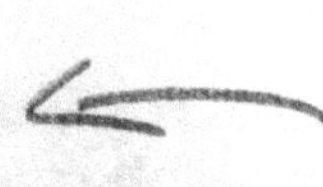

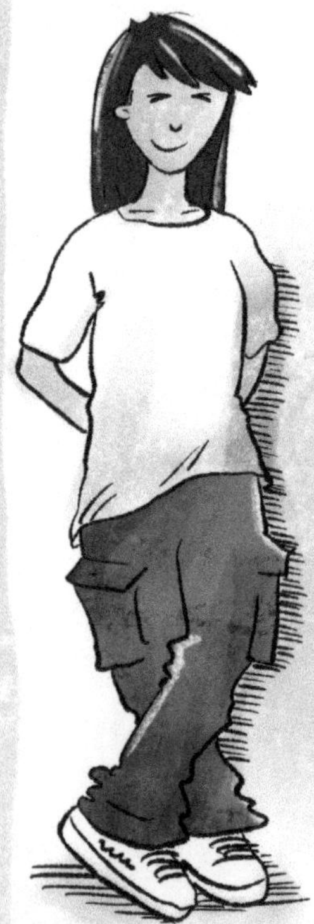

Lennart

Lennart Vogel ist ein ziemlicher Faxenmacher und Draufgänger. Besonders mit seinem BMX-Rad kommt er sich ziemlich cool vor. Seit zwei Jahren ist er Janniks Bruder. Seine Mutter und Janniks Vater haben geheiratet, als die Jungs sieben waren und weil Lennarts Mutter aus Vietnam kommt, sehen die Brüder ziemlich verschieden aus. Sie streiten sich zwar oft, aber wenn es drauf ankommt, halten sie zusammen.

Flora

Flora Sonnenfeld ist Bens Schwester und mit 8 Jahren die Jüngste der grünen Piraten. Sie hat viele gute Ideen und kann prima zeichnen und malen. Obwohl sie ganz schön frech und vorwitzig ist, schläft sie nachts mit Licht, weil es ihr im Dunkeln zu dunkel ist, vor allem wenn ihre Mutter mal wieder Nachtdienst im Krankenhaus hat und sie mit ihrem Bruder alleine ist.

Jannik

Jannik Ritter wird bestimmt mal Tierarzt oder Zoodirektor. Er liebt Tiere und seine Ratte Fiona ist immer dabei. Beide haben eine Vorliebe für Kekse und überhaupt alles Essbare. Sport ist nicht so sein Ding – viel zu anstrengend!

Ben

Ben Sonnenfeld ist der beste Stürmer der Bieberheimer E-Jugend-Fußballmannschaft. Schule ist nicht gerade seine Stärke, darum bekommt er Förderunterricht. Nur in Sport hat er immer eine Eins. Auf Ben kann man sich verlassen, wenn einer Hilfe braucht, ist er sofort zur Stelle.

Das Buch wurde auf FSC-zertifiziertem Papier gedruckt und leistet damit einen aktiven Beitrag zur nachhaltigen Bewirtschaftung der Wälder rund um den Globus.

ISBN 978-3-96594-148-9

1. Auflage Juni 2022
Erweiterte Neuauflage

Umschlaggestaltung und Illustrationen: Corinna Böckmann

Druck und Verarbeitung: GGP Media GmbH, Pößneck Printed in Germany

www.suedpol-verlag.de

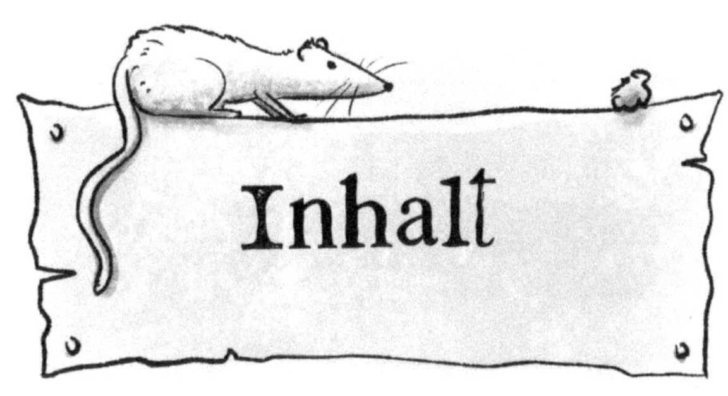
Inhalt

»Überfall auf die Sparkasse in …«, konnte Pauline gerade noch lesen, bevor ihre Mutter die Zeitung eilig in den Mülleimer stopfte, zusammen mit einem Joghurtbecher und ein paar verschrumpelten Möhren.

Pauline saß am Küchentisch und löffelte ihren zweiten Joghurtbecher leer. »Mensch, Mama«, sagte sie vorwurfsvoll, »das kannst du doch nicht alles in eine Tüte werfen! Du musst den Müll trennen: Papier, Plastik und Biomüll! Haben wir gerade im Sachkundeunterricht gemacht.«

»Ach, Schatz, du hast ja recht. Aber ich habe gerade wirklich andere Dinge im Kopf. Um neun ist eine wichtige Besprechung, auf die ich mich noch vorbereiten muss.« Paulines Mutter warf sich schwungvoll ihre Handtasche über den Arm und zupfte ihre Kostümjacke glatt. »Ich muss jetzt gleich los. Wie sieht denn dein Tag heute aus?«

»Müllsammeln, Ballett, Klavier.« Pauline grinste, weil sie auf die Reaktion ihrer Mutter gespannt war.

»Müllsammeln?! Was soll das denn heißen?« Frau Behring verzog das Gesicht, aber gleich darauf musste sie lachen. »Lass mich raten, das hängt bestimmt mit eurem Sachkundeunterricht zusammen, richtig?«

»Fast. Heute läuft doch die Aktion *Sauberes Bieberheim* und unsere Schule sammelt Müll im Stadtpark.«

Ihre Mutter warf einen Blick in den Terminkalender und stopfte ihn dann in ihre Arbeitstasche. »Ich weiß nicht, ob ich dir dabei viel Spaß wünschen soll?«

»Werd ich aber bestimmt haben.« Pauline band ihr langes Haar zu einem Zopf zusammen.

»Also, tschüss und bis später!« Frau Behring drückte ihrer Tochter einen flüchtigen Kuss auf den Kopf und eilte zur Haustür. »Sag Papa, er soll noch die Geschirrspülmaschine anstellen, bevor er zur Arbeit fährt.«

Zehn Minuten später radelte Pauline durch das vornehme Villenviertel in Richtung Stadtmitte.

Wie jeden Morgen warteten Lennart und Jannik an der Kreuzung auf sie. Die Brüder gingen wie Pauline in die 4b der Erich-Kästner-Schule. Die beiden waren ein ziemlich ungleiches Brüderpaar, was daran lag, dass sie *zusammengeheiratet* waren, wie Lennart das nannte. Janniks Vater und Lennarts Mutter hatten vor zwei Jahren geheiratet. Lennart war groß, schlank, hatte lange schwarze Haare und die asiatischen Züge seiner Mutter. Jannik dagegen war klein, ein bisschen moppelig und hatte einen braunen Wuschelkopf.

»Hallo, Jungs!« Paulines Bremse quietschte, als sie schwungvoll vor den Brüdern anhielt.

»Moin, moin!«, rief Lennart und starrte verwundert auf Paulines Hände, die in riesigen Bauarbeiterhandschuhen steckten. »Mist! Habe ich total vergessen. Heute ist die Müllsammelaktion.« Er haute seinem Bruder den Ellbogen in die Seite. »Jannik, du Hirni. Hättest du aber auch mal dran denken können!«

»Selber Hirni!« Jannik wollte seinen Bruder zurückschubsen, doch der wich geschickt aus, sodass Jannik gegen Pauline stolperte.

»Jungs, regt euch ab«, lachte Pauline. »Wozu hat man gute Freunde?« Sie zog ein paar Arbeitshandschuhe aus ihrem Fahrradkorb.

Jannik griff sich zwei davon und streifte sie gleich über. »Super, Pauline, danke!«

Lennart gähnte herzhaft. »Echt erstaunlich, dass du bei deinem Ballett-Klavier-ich-werde-berühmt-Programm an so was denken kannst.«

Pauline boxte ihn in die Seite. »Ich habe eben viele Talente.«

Zwei Straßen weiter trafen die drei auf Flora und Ben, die beide mit blauen Mülltüten und Gartenhandschuhen bewaffnet waren. Ben ging ebenfalls in die 4b, seine zwei Jahre jüngere Schwester Flora war im dritten Schuljahr. Ben war einer der größten Jungs der ganzen Schule, Flora dagegen klein und zierlich. Beide hatten die gleichen strohblonden Haare und jede Menge Sommersprossen auf der Nase.

Auf dem Schulhof herrschte ein buntes Durcheinander. Kinder rannten aufgeregt von rechts nach links. Sie suchten ihre Handschuhe und Müllsäcke und drängelten sich vor der Ausgabestelle für die Müllzangen, um ein Exemplar zu ergattern. Zwei Jungen fingen an sich zu prügeln, weil nicht genügend Zangen für alle da waren.

Frau Wolke, die Klassenlehrerin der 4b, stand mit hochrotem Kopf und wedelnden Armen mitten im Getümmel. »Kinder! Kinder! Nicht doch!«, rief sie mit schriller Stimme und zerrte Anton aus der 3a zurück, der gerade versuchte, einem kleineren Kind die Müllzange aus der Hand zu reißen. »Ihr seid doch alle mal dran. Ihr müsst euch abwechseln! So, alle Kinder der 4b zu mir! Wir stellen uns hier auf und dann bilden wir Gruppen.«

Pauline, Ben, Jannik und Lennart schlenderten zu ihrer Klassenlehrerin herüber.

»Bis später«, rief Flora ihnen hinterher und verschwand im Gewühl. Am Ende des Schulhofes hatte sie Herrn Mut, ihren Klassenlehrer, erspäht.

Kurze Zeit später standen tatsächlich alle Kinder halbwegs geordnet bei ihren Klassen und warteten darauf, dass es endlich losging. Und bald war auch klar, worauf sie noch warten mussten: Die Rektorin der Erich-Kästner-Schule, Frau Schlingkorn, marschierte entschlossen über den Schulhof.

Lennart stieß einen übertriebenen Seufzer aus. »Jetzt kommt eine Runde Schwall im All.«

»Och nee, muss das sein?!«, stöhnte Jannik. »Mann, wir wollen los.« Aber um eine kleine Ansprache ihrer Schulleiterin kamen sie nicht herum.

Frau Schlingkorn stieg mühsam auf eine Bank und ließ sich ein Megafon reichen. »Guten Morgen, liebe Schülerinnen und Schüler«, dröhnte es über den Hof. »Wie jedes Jahr startet heute unsere Frühjahrsputz-Aktion: für ein sauberes Bieberheim! Wir gehen mit den Klassen verschiedene Parks und Wege ab und sammeln den Müll auf. Nachher treffen wir uns alle am Müllsammelplatz und präsentieren unserem Bürgermeister das Ergebnis. Zieht euch Handschuhe an und fasst nicht in Scherben. Viel Erfolg, viel Spaß und los geht's!«

»Na, das war doch kurz und knackig«, stellte Pauline zufrieden fest. »Dann können wir ja endlich loslegen.«

Eine Viertelstunde später hatte die 4b den Stadtpark erreicht. Frau Wolke erklärte den Kindern noch mal genau, was und wo sie sammeln sollten. Dann verstreuten sich die Gruppen über das Parkgelände.

Kaum war Frau Wolke außer Sicht, zückte Lennart sein Müllzangenschwert und fuchtelte damit vor Bens Nase herum. »Auf in den Kampf, Ritter Müll!«, rief er und stupste Ben mit der Zange in den Bauch.

»Nehmt Euch in Acht, noch nie hat jemand Ritter Müll besiegt«, brüllte Ben zurück. Wild fechtend rannten die beiden Jungs auf den See zu.

Pauline und Jannik trabten etwas langsamer hinterher – Pauline, weil sie die Jungs mal wieder ziemlich albern fand, und Jannik, weil er sowieso nicht so schnell rennen konnte wie die anderen.

Endlich am Seeufer angekommen, ließ Jannik sich erschöpft ins Gras plumpsen. Sofort streckte Fiona, seine kleine weiße Ratte, die Nase aus seiner Jacke und schaute sich neugierig um.

»Jetzt kommt was für dich«, murmelte Jannik und kraulte sie liebevoll hinter den Ohren. »Wir gehen Müll sammeln.«

»Ein gutes Stichwort«, sagte Pauline. »Wie wäre es, wenn wir endlich mal anfangen würden, Jungs. Sonst ist es gleich Mittag und wir haben als Einzige kein bisschen Abfall in unseren Tüten.«

»Du hast ja recht«, stimmte Lennart ihr zu. »Also auf, Leute, an die Arbeit.«

»He, ich hab schon was gefunden«, rief Ben, nahm Anlauf und schoss eine leere Plastikflasche über die Wiese. Er konnte einfach nicht widerstehen. Wenn etwas auch nur entfernt an einen Fußball erinnerte, musste er einfach loskicken. Er war nicht umsonst der beste Stürmer der Bieberheimer E-Jugend.

»Ist da nicht Pfand drauf?«, fragte Jannik, während er Fiona vorsichtig in der Seitentasche seiner Jacke verstaute.

Pauline hob die Flasche auf und warf einen Blick auf das Etikett. Dann schüttelte sie den Kopf. »Nein, das ist eine Einwegflasche.«

»Schade, ich dachte, wir könnten so ganz nebenbei noch unser Taschengeld aufbessern«, grinste Jannik, nahm Pauline die Flasche aus der Hand und stopfte sie in seine Mülltüte.

»Und hier ist schon mal was Leckeres für Pauline.« Lennart zog eine Grimasse und hob mit der Müllzange eine verdreckte Plastiktüte auf, die er in ihren Müllsack fallen ließ.

Die Müllbeutel füllten sich schneller, als die Kinder erwartet hatten. Am Wegrand, in den Büschen und am Ufer des Sees – überall fanden sie Sachen, die achtlos weggeworfen worden waren: leere Packungen, Bonbonpapiere, Plastiktüten, Zigarettenschachteln, Flaschen, Zeitungen, einzelne Schuhe und sogar eine alte Unterhose. Bald waren die Beutel von Pauline und Jannik so voll, dass sie es kaum schafften, sie oben zu verknoten.

»Pause«, stöhnte Jannik und ließ sich auf eine Parkbank fallen. »Ich brauch jetzt erst mal was zu essen.«

»Klar!« Lennart lachte und warf einen vielsagenden Blick auf Janniks Bauch. »Wann hast du mal keinen Hunger?!«

Jannik boxte seinem Bruder in die Seite. »Kann ja nicht jeder so ein dünner Lulatsch sein wie du.«

Pauline setzte sich neben Jannik auf die Bank und ließ die Beine baumeln.

Auf der gegenüberliegenden Seite des Sees waren ihre Klassenkameraden eifrig dabei, nach Müll zu suchen und Frau Wolke krabbelte gerade auf allen vieren unter den

Bootssteg, um nach einer langen Plastikplane zu greifen.

Nachdem die vier Freunde ihre Brote verspeist hatten, spendierte Ben noch eine Runde Kekse, die seine Mutter ihm mitgegeben hatte.

Jannik fing plötzlich an zu kichern. »Lass das, Fiona, das kitzelt.« Er schob die kleine Ratte von seinem Hals weg und legte ein paar Krümel auf die Bank neben sich. »Hier, du Quälgeist.« Zufrieden packte Fiona einen Keksbrocken mit den Vorderpfoten und mümmelte drauflos.

»Sie hält sich wohl für ein Eichhörnchen«, lachte Lennart.

Pauline klopfte Jannik aufmunternd auf den Rücken und stand auf. »Los, Jungs, die Pause ist beendet! Weiter geht's! Ich seh mich mal hier hinten im Gestrüpp um.« Sie bahnte sich einen Weg durch die Büsche hinter den Parkbänken, als sie plötzlich ins Stolpern kam. Verdutzt betrachtete sie das, was sich ihr in den Weg gestellt hatte. »Kommt mal her!« Sie winkte die Jungs zu sich herüber. »Guckt euch das an!«

Neugierig kamen Ben, Lennart und Jannik näher. Versteckt unter einigen Ästen lagen leere Flaschen, ein kaputtes Dreirad, ein Eimer ohne Henkel, ein platter Fußball, eine einzelne Krücke und ein Fahrradreifen.

»Ist doch super«, sagte Lennart. »Wir brauchen gar nicht mehr weiterzusuchen. Ben, her mit deiner Tüte. Da stopfen wir das ganze Zeug rein.«

Sie waren so vertieft in ihre Arbeit, dass sie gar nicht bemerkten, dass plötzlich jemand hinter ihnen stand.

Seltsame Begegnung

»Was macht ihr da?! Lasst die Finger von den Sachen, die habe *ich* gesammelt!«

Erschrocken drehten die vier Kinder sich um. Hinter ihnen stand eine stämmige, dunkelhaarige Frau und starrte sie wütend an. Im Schlepptau hatte sie einen alten Bollerwagen und einen kleinen schwarzen Hund.

Miranda Mühlberg kannte in Bieberheim jeder. Sie lebte alleine auf einem Boot im alten Hafen und galt als etwas sonderbar.

»Unsere Schule sammelt heute hier den Müll auf«, erklärte Pauline, nachdem sie sich vom ersten Schrecken erholt hatte. »Wir dachten, das ist auch Müll.«

»Sieht ja auch echt danach aus.« Ben versetzte dem rostigen Dreirad einen Tritt.

Die Frau hatte die Hände in die Hüften gestemmt und schüttelte missbilligend den Kopf. »Das ist doch kein Müll! Das kann ich alles noch gebrauchen.« Sie schob Jannik zur Seite und begann, zuerst die Flaschen und dann die restlichen Dinge in ihrem Bollerwagen zu verstauen.

Die Kinder sahen ihr interessiert zu.

»Was machen Sie denn mit dem ganzen Kram?«, fragte Lennart neugierig.

Miranda richtete sich auf und griff nach der Krücke. »Hieraus werde ich eine Harpune bauen.« Sie klemmte sich den Krückstock unter den Arm und zielte. »Oder ich benutze sie als Stütze für mein Vorzelt oder als Schlagstock, um Einbrecher zu verjagen.« Sie schwang die Krücke durch die Luft. Dann betrachtete sie das Ding kritisch. »Vielleicht stelle ich sie auch einfach in die Abstellkammer, falls ich mir mal den Fuß verstauche.« Die Frau grinste Lennart breit an.

»Und der kaputte Fußball?«, fragte Jannik zaghaft.

»Ich weiß es noch nicht genau, aber vielleicht flicke ich ihn für Campino.« Miranda deutete auf den kleinen Hund neben sich.

Ben bückte sich nach dem kaputten Dreirad und hielt es hoch. »Und das wollen Sie wirklich auch mitnehmen?«

Miranda nickte. »Da schraube ich die Räder ab, die brauche ich für meine Seilwinde.«

Die Kinder halfen ihr, die restlichen Sachen in den Bollerwagen zu räumen. Campino wuselte um sie herum und schnüffelte interessiert an Janniks Hose, bis der Junge ihm ein paar Stöckchen warf.

Als sie fertig waren, musterte Pauline die prall gefüllten Mülltüten und den voll beladenen Bollerwagen. »Es ist doch unglaublich, wie viele Leute ihren Kram einfach in die Gegend werfen, oder?«

»Das ist echt eine Schweinerei«, stimmte Ben ihr zu.

Miranda nickte grimmig. »Das hier ist doch noch harmlos. Was meint ihr, wo überall verbotenerweise Müll abgeladen wird. Ich kenn da noch ganz andere Stellen, da ist es weitaus schlimmer als –«

»Pauliiiine!« Frau Wolkes schrille Stimme unterbrach das Gespräch. Die Lehrerin winkte vom anderen Ufer. »Kommt bitte zu uns rüber! Wir müssen zum Treffpunkt!«

Die vier winkten zurück. Als sie sich wieder umguckten, war Miranda schon mit Hund und Bollerwagen losgezogen. Sie schnappten sich schnell die vollen Müllsäcke und liefen den Weg am See entlang zu ihren Klassenkameraden.

»Die ist ja wirklich verrückt! Flora wird sich in den Hintern beißen, dass sie nicht dabei war«, lachte Ben. »Meine Schwester mag ja so abgefahrene Leute.«

»Ich fand sie eigentlich ganz nett«, sagte Pauline. »Und ich hätte gerne gewusst, was sie uns noch sagen wollte. Schade, dass die Frau so schnell weg war.«

»Und mich würde interessieren, wie sie aus dem Dreirad eine Seilwinde baut«, meinte Lennart. »Irgendwie hat sie ja recht, vieles von dem, was wir da aufgesammelt haben, kann man bestimmt noch verwenden.«

Kurze Zeit später hatten sich alle Kinder der Erich-Kästner-Schule auf dem Müllsammelplatz eingefunden. Ein Müllsack nach dem anderen landete in der Mitte des Platzes und der Müllberg wurde größer und größer.

»Das ist ja der Hammer«, staunte Jannik. »Kaum zu glauben, dass das alles im Park gelegen hat!«

In diesem Moment stiegen Frau Schlingkorn und ein kleiner, dicker Mann aus dem Auto, das am Rande des Platzes geparkt hatte.

Die Rektorin hatte wie immer ihr Megafon griffbereit und schwang es vor ihren Mund. »Liebe Kinder«, schallte ihre blecherne Stimme über den Platz. »Ihr habt ganze Arbeit geleistet. Super! Ich bin stolz auf euch! Und auch unser Bürgermeister Erwin Klotzmeier möchte gerne ein paar Worte zu euch sagen.« Sie zeigte auf den kahlköpfigen Mann neben sich, der ihr auch gleich das Megafon aus der Hand riss.

»Wie jedes Jahr habe ich auch diesmal die Aktion *Sauberes Bieberheim* organisiert. Als Bürgermeister unserer wunderschönen Stadt liegt mir die Umwelt natürlich sehr am Herzen. Und dank eurem Einsatz ist die Aktion wieder ein Riesenerfolg geworden! Ihr habt im wahrsten Sinne des Wortes saubere Arbeit geleistet.« Er lachte laut über sein Wortspiel. »Ich und alle Bürgerinnen und Bürger von Bieberheim danken euch dafür. Endlich hat Bieberheim wieder einen schönen, sauberen Stadtpark!«

»Was passiert denn jetzt mit dem ganzen Müll?«, fragte eine neugierige Stimme, die aus dem Pulk um Herrn Mut kam.

Ben reckte sich und erspähte seine kleine Schwester. Sie hatte sich ihre grellgrüne Mütze in den Nacken geschoben und sah den Bürgermeister vorwitzig an.

»Typisch Flora«, flüsterte Lennart. »Die will es wieder mal ganz genau wissen und wir kommen nicht nach Hause!«

Herr Klotzmeier strahlte Flora an. »Mein liebes Kind, eine gute Frage. Natürlich wird der ganze Müll hier morgen abgeholt und zur Deponie gebracht. Oder dachtest du etwa, die Mülltüten werden auf dem Marktplatz abgeladen?!« Er gluckste belustigt vor sich hin und wandte sich dann Frau Schlingkorn zu.

Jannik trat ungeduldig von einem Fuß auf den anderen. Er hatte Hunger und ihm taten die Füße weh. Auch Pauline, Ben und Lennart konnten kaum noch stehen.

Plötzlich quetschte sich eine kleine Gestalt zwischen den vier Kindern durch. Flora hatte sich heimlich von ihrer Klasse zur 4b durchgeschlagen.

»Sagt mal, habt ihr das mitbekommen?«, fragte sie aufgebracht.

Die anderen schauten Flora verständnislos an.

»Was meinst du?«, fragte Lennart.

»Na, der ganze Müllberg hier ...«, sie deutete empört auf die unzähligen blauen Müllsäcke, »der wird einfach abgeholt und verschwindet auf irgendeiner Deponie und niemand kriegt mit, wie viel Müll in unserem Park herumlag. Das ist doch total bescheuert!«

»Du hast recht«, entgegnete Pauline. »So kapiert ja keiner, dass man den Müll nicht einfach in die Gegend schmeißen kann.«

»Wollen wir das?!«, fragte Flora mit beschwörendem Unterton.

Die Freunde schüttelten einhellig den Kopf.

Ein aufregender Plan

Am Nachmittag trafen sich die Kinder bei Jannik und Lennart. Sie verzogen sich gleich in den alten Wohnwagen, der am Ende des langgestreckten Reihenhaus-Gartens stand. Er hatte auch schon mal bessere Tage gesehen. Feine Risse zogen sich durch die Außenwand und das Dach war mit Moos bewachsen. Trotzdem fuhr Familie Ritter-Vogel jede Sommerferien mit ihrem Wohnwagen ans Meer. Den Rest des Jahres diente er den Freunden als Treffpunkt. Pauline kam als Letzte und sprang mit einem Satz durch die offene Wohnwagentür, sodass sie mit voller Wucht gegen Flora prallte.

»Aua, pass doch auf!« Flora rieb sich den schmerzenden Arm und warf ihr einen wütenden Blick zu.

»Wer verfolgt dich denn, Pauli?«, grinste Lennart.

»Sorry, mein Klavierlehrer wollte irgendwie nicht aufhören, deshalb komme ich so spät.« Pauline ließ sich neben Lennart aufs Bett fallen.

»QUIIIIEK!«

Erschrocken sprang sie wieder auf. »Oh, Fiona, tut mir leid, ich hatte dich gar nicht gesehen!«

Die kleine Ratte sprang mit einem Satz auf Janniks Arm und kletterte behände zu seiner Schulter hoch.

Pauline beugte sich zu Ben herüber. »Und, habt ihr schon überlegt, was wir mit den Müllsäcken anstellen?«

»Nein, wir haben Flora gerade von unserem Treffen mit Miranda Mühlberg im Park erzählt«, entgegnete Ben. »Wie kann man nur so viel Müll mit nach Hause nehmen? Echt abgedreht.« Verständnislos schüttelte er den Kopf.

»Das finde ich gar nicht«, widersprach Jannik. »Sie hat doch recht damit, dass man die Sachen alle noch gebrauchen kann. Außerdem hat sie einen prima Hund.«

»Na, dann *muss* sie ja in Ordnung sein!« Lennart verdrehte die Augen. »Aber es stimmt. Was sie gesagt hat, klang eigentlich ganz vernünftig. Und diese Seilwinde würde mich echt interessieren. Sollen wir nicht mal bei ihr vorbeifahren?«

»Das können wir später machen. Jetzt kümmern wir uns erst mal um den Müll, den wir heute gesammelt haben!« Entschlossen schlug Ben mit der Faust auf den kleinen Tisch, dass Jannik schon Angst hatte, die Platte würde durchbrechen.

»Tja, was machen wir denn nur damit?« Jannik kratzte sich am Kinn. »Auf jeden Fall sollte es die ganze Stadt zu sehen bekommen, damit sie aufhören, den Park vollzumüllen.«

Flora dachte angestrengt nach. »Vielleicht könnten wir eine Müllskulptur bauen? Wir machen ein Gestell und an dem hängen wir die ganzen Müllbeutel auf.«

»Nicht schlecht«, sagte Pauline. »Vielleicht ein Mensch, der im Müll erstickt?«

»Künstlerisch wertvoller Müll«, kicherte Jannik.

»Und wo soll das dann hin?«, fragte Ben.

»In den Vorgarten vom Bürgermeister«, witzelte Lennart.

»Das ist nicht fair!«, widersprach Pauline. »Was kann er denn dafür?«

»Wir könnten eine Müllspur vom Park in die Stadt legen, damit jeder darüber stolpert!«, schlug Jannik vor.

»Hört sich eklig an«, wandte Pauline ein. »Dann müssen wir ja den ganzen Abfall auspacken.«

»Und wenn wir den Müll einfach auf die Hauptstraße kippen?« Ben gefiel die Vorstellung, mit dem Abfall einen Stau im morgendlichen Verkehr zu verursachen. Vielleicht würde seine Lehrerin dadurch sogar zu spät zum Unterricht kommen?

»Dann kriegen wir einfach nur mordsmäßigen Ärger mit allen Bieberheimern, die tierisch sauer sind, weil sie nicht durchkommen.« Jannik winkte ab. »Keine gute Idee.«

»Vielleicht sollten wir den Bürgermeister einfach beim Wort nehmen?!« Erwartungsvoll sah Pauline die anderen an.

»Wie meinst du das?« Ben machte ein verständnisloses Gesicht.

»Na klar!« Flora sprang auf. »Der Bürgermeister hat doch noch so blöd gefragt, ob ich denn glauben würde, dass der ganze Müll auf dem Marktplatz abgeladen wird.«

»Genau! Und wir wollen schließlich, dass die Leute hier sehen, wie viel Abfall sie in den Stadtpark werfen«, sagte Pauline und sah ihre Freunde bedeutungsvoll an.

Lennart grinste. »Coole Idee! Das ist super! Wir schleppen den ganzen Müll einfach mitten auf den Marktplatz!«

»Und zwar gleich heute Nacht!«, ergänzte Pauline aufgeregt.

Alle waren begeistert. Was für ein genialer Plan!

Die Sache hatte nur einen Haken: Sie mussten ihre Eltern dazu bringen, dass sie alle heute Nacht bei Jannik und Lennart im Wohnwagen schlafen durften. Aber da morgen Samstag und somit keine Schule war, sah die Sache gut aus. Und nachdem erst mal Frau Vogel überredet war, stimmte auch die Mutter von Ben und Flora zu und sogar Paulines Vater ließ sich erweichen. Die Kinder konnten es kaum erwarten, bis es endlich Abend wurde.

Jannik und Lennart hatten schon ihre Schlafsäcke in den Wohnwagen geräumt, als sie Ben und Flora kommen sahen.

»Super, ihr habt ja sogar an eine Schubkarre gedacht. Wo habt ihr die denn her?«, rief Jannik ihnen entgegen.

»Die ist von Oma Greta, die hat doch einen Schrebergarten«, erklärte Ben.

»Wir haben gesagt, wir wollen euch ein bisschen im Garten helfen«, lachte Flora. »Kleine Notlüge.«

»Hey, Leute!« Pauline zog auf der anderen Straßenseite einen voll bepackten Bollerwagen hinter sich her. »Kann mir mal einer ziehen helfen?«

Lennart flitzte über die Straße und schob den Wagen von hinten an.

»Mann, ist das schwer, Pauline. Hast du ein paar Goldbarren aus eurem Safe mitgebracht?«, stöhnte Lennart, als er das Gefährt in den Garten wuchtete.

Pauline sank lachend auf den Boden. Ihre Wangen glühten vor Anstrengung. »Ich musste doch meinen Eltern irgendwie klarmachen, dass ich unbedingt den Bollerwagen brauche. Also habe ich immer mehr Sachen zusammengesucht. Schlafsack, Klamotten und Spiele, Bücher, meine Lieblingsdecke, meinen Stoffhund und jede Menge Süßigkeiten und Chips. Den großen Haufen konnte ich natürlich nur im Bollerwagen transportieren.«

»Gute Idee.« Jannik warf einen begehrlichen Blick auf die große Chipstüte.

Kurze Zeit später hatten es sich die Kinder im Wohnwagen gemütlich gemacht. Sie saßen im Schneidersitz auf der großen Schlaffläche und machten sich über ihre Futterpakete her. Alle Eltern hatten großzügig Leckereien eingepackt, die sie mit Heißhunger verschlangen. Schließlich mussten sie sich für ihren Auftrag stärken.

»Uns fehlt noch etwas ganz Entscheidendes«, sagte Flora plötzlich.

»Stimmt«, nuschelte Jannik mit vollem Mund. »Nutellabrote! Das wär's doch!«

Pauline und Lennart grinsten. Flora verdrehte die Augen und warf Jannik ein Kissen an den Kopf. »Idiot!«

»Selber!« Jannik warf das Kissen zurück.

»Nein«, Flora sah ihre Freunde feierlich an, »wir brauchen eine Botschaft, die wir bei den Mülltüten hinterlassen können.«

»Genau!« Lennart deutete mit seinem Brötchen auf Flora, wodurch er einen Schwung Krümel im Wohnwagen verteilte. »Sonst wissen die Leute doch gar nicht, wo der ganze Müll herkommt. Du hast recht, Flora!«

»Am besten malen wir ein riesiges Schild, das wir daneben aufstellen«, schlug Pauline vor.

»Und wir brauchen einen Namen«, sagte Ben. »Irgendwas wie *wilde Tanten* oder *schräge Vögel.*«

»*Fünf Freunde.*«

»Gibt's doch schon. Vielleicht *saure Zitronen*?«

»*Grüne Tomaten.*«

»*Die pupsenden Gurken.*«

»Blöde Bananen.«

»Das rülpsende Rudel!«

Immer wildere Namensvorschläge schwirrten durch den Wohnwagen, bis die Kinder sich vor Lachen auf dem Boden wälzten.

»Hey, ich hab's!« Aufgeregt unterbrach Jannik das allgemeine Gelächter. Er wartete, bis alle sich beruhigt hatten. »Wir sind ...«, er machte eine Kunstpause, »... *die Grünen Piraten*!«

Die Kinder sahen sich verschwörerisch an und schrien dann alle gleichzeitig los.

»Super«, rief Ben und boxte Jannik begeistert auf den Arm. »Achtung, Leute! Die Grünen Piraten machen sich bereit zum Entern!«

»Hammer, Jannik.« Lennart haute seinem Bruder so kräftig auf den Rücken, dass der sich fast verschluckte.

»Das ist es!«, stimmte Pauline freudestrahlend zu.

»Die Grünen Piraten«, murmelte Flora. »Da fällt mir doch gleich was zu ein. Wir brauchen ein altes Bettlaken, Pinsel und grüne Farbe.«

Lennart verbeugte sich vor Flora. »Madame, ich eile, Ihr Wunsch ist mir Befehl!«

Zehn Minuten später kam er mit Stoff, Pinsel und Farbtöpfen bepackt wieder zurück und Flora machte sich ans Werk. Die anderen Kinder standen hinter ihr und beobachteten gespannt, wie unter Floras Pinsel langsam ein riesiger grüner Totenkopf entstand. Als das Tuch fertig bemalt war, hängten die Kinder es zum Trocknen an die Wand.

Ehrfürchtig betrachteten sie ihr Werk.

»Echt cool.« Lennart nickte anerkennend.

Jetzt war alles vorbereitet. Bollerwagen und Schubkarren standen bereit. Sie mussten nur noch warten, bis es dunkel war und Janniks und Lennarts Eltern schliefen, damit sie unbemerkt zu ihrer geheimen Mission aufbrechen konnten.

Später am Abend schaute Janniks Vater noch mal vorbei, um nach den Kindern zu gucken und Gute Nacht zu sagen. Kurz darauf gingen drüben im Haus die Lichter aus.

Die Kinder warteten noch eine halbe Stunde, dann schlüpften sie leise einer nach dem anderen aus der Wohnwagentür. Mit Schubkarren und Bollerwagen zogen die Grünen Piraten in die Dunkelheit.

Die Grünen Piraten legen los

Nach einem Fußmarsch von zehn Minuten hatten sie den kleinen Parkplatz hinter dem Stadtpark erreicht. Die Müllsäcke lagen immer noch auf einem großen Haufen in der Mitte des Platzes. Wie ein dunkler Berg ragten sie in den sternenklaren Himmel hinein.

Ben setzte die Schubkarre ab und stöhnte bei dem Anblick laut auf. »Das sieht aber nach verdammt viel Schlepperei aus!«

Die Kinder standen etwas unschlüssig herum. Es war dunkel, kalt und ziemlich still. Irgendwo hinter ihnen knackten ein paar Äste.

»Unheimlich, oder?«, flüsterte Jannik und sprach damit aus, was alle dachten.

»Sollen wir lieber wieder nach –«, setzte Flora an.

»Also los, wozu sind wir denn hier?!«, schnitt ihr Ben das Wort ab, schnappte sich eine Schubkarre und ging beherzt auf den riesigen Müllhaufen zu. Dann verfrachtete er zwei prall gefüllte Tüten in die Schubkarre. »Auf, auf, ihr Grünen Piraten«, rief er.

Das war das richtige Stichwort. Genau, sie waren schließlich die Grünen Piraten! Da würden sie doch nicht wegen so ein bisschen Dunkelheit kneifen.

Lennart belud die andere Karre schnell mit zwei weiteren Säcken. Pauline, Flora und Jannik packten sogar vier auf den Bollerwagen. Dann zogen sie los. Sie mussten einmal um den See herum und danach ein Stück durch den einsamen Stadtpark. Die meiste Zeit spendete der volle Mond genügend Licht, doch als der Weg in das kleine Waldstück führte, wurde es immer düsterer.

»Mist«, fluchte Pauline, als sie über eine Baumwurzel stolperte. »Kann einer von euch mal seine Taschenlampen-App anmachen?«

»Warte kurz.« Jannik kramte in seinem Rucksack und schon erhellte ein runder Lichtkegel ihren Weg. So ging es besser. Jannik marschierte mit dem Handy voran, dann folgten Ben und Lennart mit den Schubkarren, Flora und Pauline zogen den Bollerwagen.

Kurz darauf erreichte die kleine Prozession den Ausgang des Stadtparks. Jetzt mussten sie nur noch über die Brücke, am Schwimmbad vorbei und schon waren sie auf dem Marktplatz.

Hier war es fast noch stiller als im Wald. Jedenfalls kam es ihnen so vor, denn der Marktplatz quoll sonst über vor Geräuschen. Plärrende Kinder, hastende Schritte, rufende

Eltern, Lachen, Fahrradklingeln. Und jetzt – nichts. Absolute Stille! Nur ein leises Quietschen von einem im Wind schaukelnden Schild war zu hören.

»Hier ist es ja noch gruseliger als im Wald«, stellte Jannik mit zitternder Stimme fest.

»Ich wusste gar nicht, dass du so eine Schissbuxe bist«, kicherte Ben.

»Von wegen Schissbuxe«, fauchte Jannik. »Jetzt tu mal nicht so, als ob du dich jede Nacht auf finsteren, verlassenen Marktplätzen herumtreiben würdest.«

»Entspannt euch mal«, sagte Lennart. »Wir haben noch ein bisschen was zu tun. Und wir finden es alle unheimlich. Ich bin jedenfalls froh, wenn ich gleich in meinem Schlafsack liege.«

»*Gleich* ist gut«, murmelte Jannik und musste herzhaft gähnen. »Das wird ja noch eine Weile dauern.« Fiona saß auf seiner Schulter und hob witternd das kleine Näschen in die Luft. Für die nachtaktive Ratte war jetzt genau die richtige Zeit.

»Ich würde sagen, wir machen jetzt mal weiter. Sollen wir die Säcke da hinten im Brunnen stapeln?«, fragte Flora.

Der Brunnen stand in der Mitte des Marktplatzes. Es war ein großes Wasserbecken, in dessen Mitte ein galoppierendes Pferd einen stattlichen Reiter trug. Doch zur Zeit rannten Ross und Reiter nur über einen grauen Betonboden, denn aus irgendeinem Grund sprudelte dort schon seit Längerem kein Wasser mehr.

»Perfekt«, stimmte Jannik zu.

Schon bald lagen die ersten Müllsäcke unter den erstarrten Hufen der Pferdestatue.

»Also los, weiter geht's«, trieb Pauline die anderen an. »Wir haben nur noch ungefähr zehn Touren vor uns.«

»Oh nein, musst du das sagen?!«, stöhnte Lennart. »He, Jannik, jetzt leuchte ich mal mit dem Handy und du kannst die Schubkarre nehmen.«

Langsam gewöhnten sich die Freunde an den dunklen Weg und bald kam ihnen der Stadtpark mit all seinen unbekannten Nachtgeräuschen auch gar nicht mehr so unheimlich vor.

Mit jeder Fuhre füllte sich der Brunnen mehr und mehr. Bald ragten die Mülltüten bis an die Pferdehufe und es sah aus, als würde der steinerne Reiter über ein Abfallmeer galoppieren.

Ben schleuderte den letzten Sack hoch. KNATSCH! Er krachte an den Pferdeleib und zerplatzte mit einem lauten Knall. Die Kinder zuckten erschrocken zusammen und verharrten bewegungslos. Aber nichts passierte. Kein Fenster öffnete sich. Niemand rief nach der Polizei. Die Freunde atmeten auf.

»Du Idiot«, zischte Lennart.

»Hab ich doch nicht extra gemacht«, murmelte Ben entschuldigend.

»Sieht aber eigentlich gut aus«, stellte Pauline fest.

Tatsächlich hatte sich der Dreck aus der aufgeplatzten Tüte dekorativ über die anderen Müllsacke verteilt. Fiona flitzte von Janniks Arm herab und inspizierte hektisch die verschiedenen Bestandteile des kaputten Müllsacks.

»Da wissen die Leute direkt, was drin ist«, sagte Flora. »Ist doch super.«

»Das war natürlich mein Plan«, grinste Ben und fühlte sich gleich wieder besser.

»Die Müllsammlerin aus dem Park würde sich sofort kopfüber in den Haufen stürzen und nach verwertbaren Sachen suchen.« Lennart lachte bei der Vorstellung.

»Ein Paradies für Miranda Mühlberg«, kicherte Pauline.

Zum Schluss hängten sie Reiter und Pferd das bemalte Bettlaken um den Hals. Das war gar nicht so einfach. Pauline und Lennart mussten durch die Müllflut waten und auf die Statue klettern. Dann banden sie das Laken auf der einen Seite um den Hals des Pferdes und auf der anderen am Reiter fest.

Zufrieden betrachteten sie ihr Werk. Das würde morgen Früh einen Aufruhr geben. So viel war sicher!

Als sie endlich in ihre Schlafsäcke krochen, waren sie so erschöpft, dass sie augenblicklich einschliefen.

Viel zu früh wurden sie von einem lauten Klopfen geweckt.

»Ruhe«, murmelte Ben und zog sich den Schlafsack über die Ohren.

»He, ihr Schlafmützen. Aufstehen!« Frau Vogel steckte den Kopf in den Wohnwagen. »Ihr seid mir ja vielleicht ein paar Penntüten. Es ist schon nach zehn. Die Sonne lacht und ein gedeckter Frühstückstisch wartet auf euch.«

Zumindest Jannik konnte sich bei dem Gedanken an ein leckeres Frühstück aus dem Schlafsack schälen. Pauline, Flora, Ben und Lennart folgten ihm mit Zahnbürsten und Klamotten beladen ins Haus.

Kurze Zeit später saßen fünf sehr müde aussehende Kinder um den Küchentisch. Ben rieb sich die Augen und gähnte lang anhaltend. Lennarts Mutter verteilte warmen und kalten Kakao.

»Hallo, hier kommt der Brötchendienst«, rief Janniks Vater gut gelaunt aus dem Flur. Er ließ zwei riesige Tüten auf den Tisch fallen und sich selbst auf einen Stuhl. »Ihr glaubt nicht, was ich eben gesehen habe«, sagte er lachend. »Total verrückt!«

Die Kinder und Frau Vogel sahen ihn erwartungsvoll an.

»Jetzt sag schon, Papa«, drängelte Lennart und schlürfte geräuschvoll seinen Kakao.

Herr Ritter musste immer noch grinsen, während er von

den Müllsäcken im Brunnen und dem Menschenauflauf auf dem Marktplatz berichtete. Sogar die Polizei war da und hatte den Platz abgesperrt. »Alle haben gerätselt, wer wohl die Grünen Piraten sind und was das für ein Müll ist, der da im Brunnen liegt.«

»Grüne Piraten? Hab ich noch nie gehört.« Lennart tat erstaunt und zwinkerte Pauline zu, was seine Eltern aber nicht sehen konnten.

Die Kinder bissen in ihre Brötchen, damit sie nicht laut loslachen mussten.

Herr Ritter zuckte mit den Achseln. »Scheint eine Geheimorganisation zu sein, vielleicht ein Ableger von *Greenpeace*, wer weiß?«

»Ich finde die Aktion super!«, sagte Frau Vogel. »Endlich sehen die Leute mal, wie viel Müll gedankenlos in die Gegend geschmissen wird.«

Die Freunde waren froh, als das Frühstück zu Ende war. Sie räumten schnell den Tisch ab und verzogen sich dann wieder in den Wohnwagen.

»Das war ja wohl ein voller Erfolg!«, stellte Pauline zufrieden fest.

»Treffen wir uns morgen wieder?«, fragte Ben, während er seine Sachen zusammenpackte.

»Klar«, sagte Lennart. »Und ich weiß auch schon, was wir dann machen!«

Seine Freunde sahen ihn gespannt an.

»Wir fahren zu Miranda Mühlberg! Die ist doch Expertin in Sachen Müll. Vielleicht gibt es ja noch mehr zu tun für die Grünen Piraten!«

Am nächsten Tag radelten die fünf durch den Stadtpark zum Apfelwäldchen und von dort zum alten Hafenbecken. Früher hatte es hier in Bieberheim einen richtigen Hafenbetrieb gegeben, doch seit einigen Jahren lag das Hafenbecken verlassen da. Nur die Paddler vom örtlichen Kanuverein und ein paar Enten drehten hier noch ihre Runden.

»Hier! Das muss es sein.« Pauline stellte ihr Fahrrad ab.

Fasziniert bestaunten Flora, Ben, Jannik, Lennart und Pauline ein großes, hellblau gestrichenes Hausboot, das nur über ein schmales Brett mit dem Festland verbunden war. Ein Gewächshaus nahm mehr als die Hälfte des Bootes ein. Grüne Vorhänge mit weißen Punkten schmückten die Fenster. Überall standen Töpfe mit Pflanzen und dazwischen schaukelte eine rot-weiß gescheckte Katze in einer Hängematte und ließ lässig eine Pfote herunterbaumeln. Das Dach des Bootes war komplett mit Sonnenkollektoren bedeckt.

»Wow!« Jannik bekam den Mund nicht mehr zu. »Ist das cool!«

Fiona dagegen fand es nicht ganz so cool, denn sie schien die Katze schon gewittert zu haben und versteckte sich schnell unter Janniks Pullover.

Pauline trat mutig auf das Hausboot zu. »Hallo?«

Nichts rührte sich.

»Hallo!«, rief Pauline noch mal, doch es kam keine Antwort.

»Sie ist nicht da«, sagte Ben enttäuscht. »Was machen wir jetzt?«

»Wahrscheinlich geht sie gerade eine Runde mit dem Hund«, vermutete Jannik. »Der hätte doch längst gebellt, wenn sie hier wären. Kommt, lasst uns zurückfahren.«

»He, guckt mal, was ist das?« Flora zeigte auf eine dünne schwarze Rauchsäule, die sich aus dem mittleren Fenster schlängelte.

»Ein Kamin?« Ben sah seine Schwester fragend an.

»Ein Kamin qualmt aus dem Schornstein und nicht aus dem Fenster«, gab Lennart zur Antwort und sprang auf den schmalen Steg. »Hier stimmt was nicht! Kommt mit.« Schon war er über den Steg balanciert und öffnete vorsichtig die Eingangstür.

Zögernd folgten ihm die anderen.

Im Inneren des Hausbootes sahen sie sich verstohlen um. Sie standen in einer kleinen Küche, rechts ein Tisch mit grüner Tischdecke und Eckbank, darauf ein Teller mit Frikadellen. Auf dem alten Kühlschrank neben dem Herd stand eine Yucca-Palme. Die schmale Fensterbank hinter

der Spüle zierte eine Reihe verschiedener Kräuterpflanzen.

»Ich hab Hunger«, seufzte Jannik beim Anblick der Frikadellen.

»Komm schon, dafür haben wir jetzt keine Zeit.« Lennart zog seinen Bruder weiter. »Hier riecht's total verbrannt! Wir müssen nachsehen, wo das herkommt!«

Doch im nächsten Moment blieben sie wie angewurzelt stehen. Ein lautes, ängstliches Kreischen jagte den Kindern einen Schauer über den Rücken.

»Was war das? Kommt bloß raus hier«, flüsterte Pauline heiser. Da ertönte das grauenvolle Geräusch noch einmal und ging in ein verzweifeltes Fauchen über.

»Eine Katze«, rief Jannik. »Das ist eine Katze! Sie muss da drin sein!« Er deutete aufgeregt auf eine weiße Holztür, die am Ende der Küche lag.

Ben hastete an dem Tisch vorbei und riss die Tür mit einem Ruck auf. Sofort kam ihnen ein Schwall verbrannter Luft entgegen. Eine schwarze Katze mit weißen Pfoten flitzte wie von der Tarantel gestochen durch Janniks Beine ins Freie.

Flora hustete. »Oh Gott, es brennt! Feuer!« Sie starrte entsetzt auf die Flammen, die von dem Schreibtisch an der gegenüberliegenden Wand emporloderten.

»Hat einer ein Handy dabei? Wir müssen die Feuerwehr rufen!« Pauline dachte wie immer an die praktischen Dinge.

Alle schüttelten den Kopf und starrten verzweifelt auf das Feuer, das sich durch einen großen Papierstapel fraß und schon am Regal daneben hochzüngelte.

»Schnell!«, rief Ben. »Wir müssen das Feuer löschen!«

Die anderen waren wie gelähmt und rührten sich nicht vom Fleck.

Hektisch sah Ben sich in der Küche um und zerrte den Teppich unter dem Tisch hervor. Dann rannte er zurück und warf ihn auf den brennenden Stapel. Dicke Qualmschwaden zogen durch den Raum, aber von den Flammen war nun nichts mehr zu sehen. Pauline lief zum Fenster und riss es weit auf.

»Pauli, raus hier!« Lennart zog das Mädchen zurück in die Küche und warf die Tür hinter sich zu. Pauline hustete und rieb sich die tränenden Augen.

»Puh«, stöhnte Jannik und ließ sich auf die Eckbank plumpsen. »Das war aber knapp! Leute, wenn wir nicht zufällig vorbeigekommen wären, hätte es hier einen riesigen Brand gegeben! Da wäre von dem Schiff nicht mehr viel übrig geblieben!«

»Wahnsinn!« Ben legte den Arm um seine Schwester, die ziemlich verängstigt aussah.

»Bist du sicher, dass das Feuer gelöscht ist?«, fragte Flora.

Ihr Bruder nickte beruhigend. »Ich denke schon, aber wir sollten gleich noch mal nachgucken.«

»Auf den Schock brauch ich erst mal was zu essen!« Jannik stibitzte eine Frikadelle vom Teller und biss herzhaft hinein. »Mmh, fmeckt aber fuper«, nuschelte er mit vollem Mund.

»Ich gehe jetzt noch mal rein«, sagte Pauline entschlossen. Vorsichtig drückte sie die Klinke hinunter, öffnete die Tür einen Spalt und spähte in den Raum. Von dem Feuer war nichts mehr zu sehen. Erleichtert winkte sie den anderen, ihr zu folgen. Die dicken Qualmwolken hatten sich durch das Fenster verzogen, aber es lag noch immer ein beißender Geruch in der Luft.

Jetzt erst konnten sich die Kinder in dem Zimmer richtig umsehen. Der Schreibtisch, auf dem das Feuer gewütet hatte, war von dem angekokelten Küchenteppich bedeckt. Auf einem zweiten Schreibtisch standen ein Computer, eine Waage, Messbecher und mehrere Mikroskope, verschiedene Pinzetten, Pipetten und Glasschalen, daneben eine Kochplatte und ein Bunsenbrenner. In der Ecke befand sich ein kleiner Tisch, auf dem ein riesiges, unförmiges Gerät thronte. Darüber reihten sich zahlreiche Reagenzgläser in einem Gestell aneinander, einige gefüllt, andere leer.

»Das sieht ja unheimlich aus«, flüsterte Flora und zog unwillkürlich die Schultern ein. »Wie in einer Hexenküche.«

»Oder wie im Chemielabor«, meinte Lennart trocken.

Plötzlich hörten die Kinder lautes Bellen und Schritte auf dem Deck. Erschrocken starrten sie sich an.

Limobäume an Bord

Die Küchentür wurde aufgerissen und Miranda Mühlberg kam herein. Knurrend drängte sich der kleine Hund zwischen ihren Beinen durch und bellte laut. Er lief geradewegs auf die geöffnete Labortür zu.

»Was ist los, Campino, was hast du?« Die Frau blieb im Türrahmen stehen und folgte dem Hund mit ihrem Blick, bis sie auf einmal in Janniks entsetztes Gesicht sah.

»Zum Teufel, was machst du hier?!« Wütend stürmte sie in das Labor, wo sie auch die anderen Kinder entdeckte. »Was habt ihr hier zu suchen? Wieso riecht es hier so verbrannt? Was ist hier los?!«

Die Kinder waren vor Schreck wie gelähmt.

Pauline fand als Erste die Sprache wieder. »Wir haben von draußen den Rauch gesehen und ...«, sie zeigte hinter sich auf den Schreibtisch, »es stand alles in Flammen!«

»Wir mussten doch was tun!«, rief Ben.

»Ben hat das Feuer mit einem Teppich erstickt«, sagte Lennart und legte seinem Freund den Arm um die Schulter.

»Und wir haben Ihre Katze gerettet«, piepste Jannik mit wackliger Stimme.

Jetzt war es Miranda, die sprachlos war. »Ist das wahr? Feuer? Wie kann das denn sein?! ...« Sie ließ sich auf den nächstbesten Stuhl fallen und starrte entsetzt auf das Chaos.

Allmählich erholten sich die Kinder von dem Schreck und erzählten ihr von der abenteuerlichen Löschaktion.

Miranda Mühlberg schüttelte ungläubig den Kopf. »Dann muss ich mich wohl bei euch bedanken.«

»Ja, genau«, rief Lennart vorwitzig. »Das finde ich auch!«

Die Frau erhob sich mühsam und ging auf den Schreibtisch zu, auf dem immer noch der dicke Teppich lag. Sie hob ihn an und spähte vorsichtig darunter. »So ein Mist, meine ganzen Unterlagen sind hin!« Miranda runzelte nachdenklich die Stirn. »Wie konnte das nur passieren?! Was für ein Glück, dass ihr gerade vorbeigekommen seid.« Etwas freundlicher musterte sie die Kinder der Reihe nach. »Und jetzt erzählt mir mal, warum ihr überhaupt hier seid. Kommt mit in die Küche.«

Die Kinder quetschten sich um den kleinen Küchentisch und als ob zehn Füße nicht genug wären, zwängte sich Campino auch noch dazwischen und rollte sich zufrieden auf Janniks Füßen zusammen. Miranda holte Gläser und einen Krug Zitronenlimonade aus dem Kühlschrank. Pauline erzählte ihr währenddessen von der Müllsammelaktion im Wald.

Miranda nickte. »Ach so, deshalb kamt ihr mir so bekannt vor.« Sie stellte noch einen Teller mit Keksen neben die Frikadellen. »Ich finde das ja wirklich prima von euch, dass ihr den Stadtpark aufräumt, aber die ganzen Leute, die den Müll dort hingeworfen haben, interessieren sich dafür nicht die Bohne. Die bekommen davon ja auch gar nichts mit.«

»Genau«, sagte Jannik eifrig. »Deshalb haben wir ja auch ... Autsch!« Empört blickte er Lennart an, der ihn heftig gegen das Schienbein getreten hatte und ihm bedeutete, den Mund zu halten.

Seufzend setzte Miranda sich hin. »Außerdem ist es sowieso sinnlos, ihr räumt hier ein paar Flaschen weg und in der Zwischenzeit haben die Leute ihren Abfall schon wieder woanders abgeladen.«

»Ja, dann räumen wir den Müll da eben auch weg!«, sagte Flora energisch.

»Aber ihr könnt doch jetzt nicht den Müll im gesamten Stadtgebiet aufsammeln?« Sie schüttelte den Kopf. »Und selbst das hätte keinen Zweck. Am nächsten Tag liegt schon wieder neuer Abfall da. Den meisten ist das einfach egal.«

»Uns ist das aber nicht egal!«, widersprach Ben ihr lautstark.

Miranda legte ihm die Hand auf den Arm. »Dann guck dir mal den Parkplatz am Hammer Naturschutzgebiet an.

Die Leute kippen ihren Müll einfach die Böschung hinunter. Dort hat sich schon ein riesiger Haufen angesammelt. Und in die alte Kiesgrube habe ich auch schon Lieferwagen fahren sehen. Die wollten da bestimmt keinen Kies mehr holen.« Sie lehnte sich zurück. »Also, da gibt es für euch eine Menge zu tun.«

»Aber es ist doch verboten, den Müll einfach irgendwo abzuladen!«, sagte Pauline empört. »Warum wird denn da nichts gegen unternommen? Die Leute müssten doch verhaftet werden!«

»Natürlich ist das verboten.« Miranda nickte. »Aber diese Müllverbrecher müssen erst mal auf frischer Tat ertappt werden. Und das passiert so gut wie nie. Leider.«

Jannik rülpste laut und wurde puterrot im Gesicht. »Entschuldigung!« Erschrocken hielt er sich die Hand vor den Mund. »Die Limo ist echt extrem lecker!«

»Selbst gemacht, aus eigenem Anbau«, sagte Miranda stolz.

»Ich wusste gar nicht, dass man Limonade anbauen kann ...« Lennart grinste.

»Die Zitronen natürlich!«, entgegnete Miranda lachend. »Wenn ihr Lust habt, zeige ich euch mal, wie ich sie züchte.«

Die Kinder stimmten begeistert zu. Jannik griff sich schnell noch eine Frikadelle, die Miranda zu seiner Verwunderung als Zucchini-Kartoffel-Bratling bezeichnete.

Die Frau führte sie in das Gewächshaus, das sie schon vom Ufer aus gesehen hatten. Hier baute sie ihr eigenes Obst und Gemüse an. Unzählige Pflanzen verteilten sich am Rand und zwischen den einzelnen Beeten, die auf dem Boden mit einer kniehohen Umrandung angelegt waren. Gurken, Tomaten und eine Melonenpflanze rankten an langen Schnüren, die vom Dach herabhingen.

Jetzt war den Kindern auch klar, wo zumindest ein Teil des Mülls blieb, den Miranda sammelte: Die Pflanzen steckten in alten Dosen, Töpfen und Eimern, hohen Fässern und gestapelten Autoreifen.

»Da sind ja die Limobäume!« Lennart lachte und zeigte auf ein paar Zitronenbäumchen, die nebeneinander in einer alten Badewanne am Rand des Salatbeetes wuchsen.

Obwohl die Lüftungsklappen im Dach weit geöffnet waren, zog ein süßlich-erdiger Geruch durch das Gewächshaus. Man kam sich fast wie im Dschungel vor.

Campino kam mit einem Ball in der Schnauze angerannt und stupste Jannik in die Kniekehle.

Miranda guckte ihn erstaunt an. »Na, der scheint dich ja direkt ins Herz geschlossen zu haben, Campino ist eigentlich ziemlich misstrauisch.«

Jannik strahlte. »Ich finde Tiere super, das merkt er bestimmt.«

»Campino findet wahrscheinlich nur den Muffelgeruch deiner Ratte interessant«, spöttelte Lennart.

Jannik warf seinem Bruder einen giftigen Blick zu.

»Müssen Sie eigentlich gar nicht mehr einkaufen gehen?«, wollte Flora von Miranda wissen.

Die schmunzelte. »Doch klar, ab und zu schon. Ich habe zum Beispiel noch nie Käse oder Butter selber gemacht, dazu fehlt mir noch eine Kuh an Bord. Und Klopapier kann man ja auch nicht anbauen.«

Ben deutete nach oben, wo vom Dach ein verzweigtes Rohrsystem ins Gewächshaus führte. »Wozu sind denn die ganzen Rohre da?«, fragte er.

»Das ist mein Bewässerungssystem«, erklärte Miranda. »Ich pumpe das Wasser aus dem Fluss, das ich zum Wässern für die Pflanzen und auch für die Klospülung und zum Wäschewaschen brauche.«

»Und zum Deckschrubben, wie bei den Piraten«, ergänzte Jannik und zog Fiona aus seinem Jackenärmel. »He, du kitzelst mich.«

Miranda betrachtete Fiona besorgt. »Pass bloß auf deine Ratte auf. Ernie und Bert kennen keine Gnade!«

Die Kinder sahen sie verständnislos an. »Wer?«

»Ernie und Bert, meine beiden Katzen. Ernie heißt die rote und Bert heißt die schwarze Katze«, antwortete die Frau. »Und die beiden machen auf alles Jagd, was vier oder noch mehr Beine hat und kleiner ist als sie.«

Miranda zeigte den Kindern noch ihre Solaranlage zur Stromgewinnung, die sie auf dem Dach des Hausbootes installiert hatte.

»Hey, was ist das denn? Das kommt mir ja bekannt vor!« Lennart deutete auf die Räder eines Flaschenzugs, der aus der Schiffswand ragte. »Stammen die nicht von dem verrosteten Dreirad aus dem Stadtpark?«

Miranda nickte lachend. »Ist das nicht eine super Seilwinde geworden? Damit kann ich mein Kanu ganz einfach aufs Wasser runterlassen und wieder heraufholen.«

»Cool!« Lennart war beeindruckt.

Als sie zurück in die kleine Küche kamen, fiel Paulines Blick auf die Labortür. »Wozu brauchen Sie denn eigentlich das Labor?«, fragte sie neugierig.

»Ich habe früher als Wissenschaftlerin gearbeitet«, erklärte Miranda. »Das nutze ich jetzt, um einigen Dingen auf den Grund zu gehen.«

»Und was erforschen Sie?«

»Aber warum arbeiten Sie nicht mehr als Wissenschaftlerin?«

Miranda hob abwehrend die Hände. »Das erzähle ich euch ein anderes Mal. Ihr kommt mich ja sicher noch mal besuchen.«

Jannik warf einen Blick auf die Uhr. »Kommt, Leute. Wir müssen langsam nach Hause.«

Miranda winkte zum Abschied, als die Kinder über die Bootsplanke kletterten. »Und danke noch mal für euren mutigen Einsatz.«

Am Ufer drehten sich die Kinder um, aber die Frau war schon im Schiffsinneren verschwunden.

»Ich möchte auch mal so ein Hausboot haben«, sagte Jannik verträumt. »Genau so, mit Solarzellen, Flusswasserpumpe und Gewächshaus, das wäre echt cool!«

»Und in dem Gewächshaus würdest du dir dann Hamburger und Pommes anbauen!«, zog Lennart seinen Bruder auf.

»Gar keine schlechte Idee«, gab Jannik zurück. »Und noch Schokoladensträucher, Keksbäume und Gummibärchenpflanzen ...« Die Idee mit den Hausboot gefiel ihm immer besser.

»Komm, Jannik, rauf aufs Fahrrad«, riss Flora ihn aus seinen Träumereien.

»Jaja, ich komme schon.« Als Jannik auf sein Rad steigen wollte, erinnerte ihn sein schmerzendes Bein an den unsanften Tritt seines Bruders vorhin auf dem Schiff. »Und vielen Dank noch mal für den Tritt, Lennart!« Er zog vorsichtig das Hosenbein hoch. »Guck dir mal den blauen Fleck an!«

»Aber du Trottel hättest uns vorhin glatt verraten«, entgegnete Lennart entschuldigend. »Schließlich sind die Grünen Piraten doch geheim!«

»Genau und wir kennen die Frau doch kaum«, stimmte Ben Lennart zu. »Vielleicht verpfeift sie uns bei der Polizei, wenn sie weiß, wer wir wirklich sind?«

»Es war aber trotzdem nicht nötig, dass du mir dabei fast das Schienbein brichst. Ich hätte es auch so verstanden«, murmelte Jannik immer noch etwas beleidigt.

Am nächsten Nachmittag trafen sich die Grünen Piraten wie gewohnt bei Jannik und Lennart. Ben schob sich neben seiner Schwester durch die Tür des Wohnwagens und wedelte mit einer Zeitung. »Habt ihr das schon gelesen? Hier steht ein Artikel über uns!« Er drückte sie seiner Schwester in die Hand. »Hier, lies du mal vor.«

»*Müllberg auf dem Marktplatz – Wer sind die Grünen Piraten?*« Flora blickte bedeutungsvoll in die Runde. »*Umwelt-Aktivisten machen mit einer spektakulären Aktion die Bürgerinnen und Bürger von Bieberheim auf die Verschmutzung des Stadtparks aufmerksam.*«

Die Kinder grinsten sich verschwörerisch an. Das Lachen verging ihnen aber gleich wieder, als Flora vorlas, dass sich die Polizei eingeschaltet hatte. »*Die Polizei bittet die Bewohnerinnen und Bewohner um Mithilfe: Wer hat die Täter in der Nacht von Freitag auf Samstag auf dem Marktplatz beobachtet?*« Sie sah entsetzt auf. »Werden wir jetzt verhaftet?!«

»Quatsch! Es weiß ja zum Glück keiner, dass wir das

gemacht haben und das muss auch so bleiben!« Lennart riss ihr die Zeitung aus der Hand und überflog den Artikel. »Hier steht weiter, ob die Polizei nicht lieber die suchen und bestrafen sollte, die den Müll einfach in die Gegend werfen, anstatt diejenigen, die darauf aufmerksam machen.«

Jannik schob sich einen Müsliriegel in den Mund. »Der Journalist findet unsere Aktion jedenfalls super, so viel steht fest.«

Ben stand auf. »Eins ist ja wohl klar«, sagte er bestimmt. »Wir machen weiter!«

Die Kinder nickten.

»Was nehmen wir uns denn als Nächstes vor?«, überlegte Pauline. »Frau Mühlberg hat vom Müll im Hammer Naturschutzgebiet und von der alten Kiesgrube gesprochen.«

»Die Kiesgrube ist viel näher«, sagte Jannik, der sich gerne vor der weiten Fahrt nach Hamm drücken wollte. »Lasst uns lieber damit anfangen.«

»Einverstanden! Auf geht's!«, rief Lennart voller Tatendrang. »Die Grünen Piraten nehmen die alte Kiesgrube unter die Lupe!«

Die Freunde griffen nach ihren Jacken und stürmten aus dem Wohnwagen.

Sie fuhren am Stadtpark vorbei und folgten dann dem Verlauf der Hauptstraße. Bald ließen sie Bieberheim hinter sich. Rechts und links erstreckten sich endlose Felder, bis sie nach einer Weile den Wald erreichten. Oben auf der Anhöhe bogen die Kinder in einen breiten Waldweg ab. Ein dreieckiges, grün umrandetes Schild, in dessen Mitte ein Vogel seine Schwingen ausbreitete, kündigte das Betreten eines Naturschutzgebietes an.

Nachdem sie sich eine ganze Weile über den holprigen Waldweg gequält hatten, versperrte ihnen ein hohes Gittertor den Weg. An beiden Seiten schloss sich ein mannshoher Maschendrahtzaun an.

BETRETEN DER KIESGRUBE VERBOTEN! stand auf einem großen gelben Schild. Eine dicke Kette mit Eisenschloss sorgte dafür, dass sich auch alle daran hielten.

Lennart schoss mit seinem schwarzen BMX-Rad an den anderen vorbei und legte vor dem Tor eine Vollbremsung hin, dass die Steinchen auf dem Weg nur so aufspritzten.

»Jo, Mann.« Flora stellte ihr Fahrrad ab. »Mr. Cool!«

Pauline sah sich suchend um. »Sollen wir die Räder hier einfach stehen lassen?«

Jannik wischte sich den Schweiß von der Stirn und nahm Fiona vorsichtig aus dem Fahrradkorb. »Lasst sie uns lieber da hinten im Gebüsch verstecken. Sicher ist sicher.«

Nachdem sie die Räder zwischen ein paar Sträucher geschoben hatten, inspizierte Pauline das Schloss, mit dem die Kette am Gittertor gesichert war. »Mist, das ist zu. Da kommen wir nicht rein«, stellte sie enttäuscht fest.

»Das Schloss sieht aber ziemlich neu aus«, sagte Ben und rüttelte am Tor.

»Hat keiner einen Dietrich dabei?«, fragte Flora scherzhaft. »Dann könnten wir das Ding knacken.«

»Doch klar, lasst mich mal ran«, sagte Lennart und schob Flora zur Seite. Er griff in seine Hosentasche und zog einen Schlüsselbund heraus. Die anderen Kinder sahen ihm mit offenem Mund zu.

»Hammer, Lennart, woher hast du denn so was?«, fragte Jannik verblüfft.

Da drehte Lennart sich grinsend um und hielt seinen Haustürschlüssel hoch. »Ihr Schnarchis, war ein Späßchen. Mensch, woher soll ich denn einen Dietrich haben?«

»Du Scherzkeks!«, stöhnte Pauline. Ben verzog genervt das Gesicht. Nur Flora musste kichern. »Du bist so blöd, Lennart!«

»Also kommt schon, wir gucken, ob wir irgendwo durch den Zaun schlüpfen können«, schlug Ben vor.

Er ging voraus und die anderen folgten ihm. Irgendwie hatten sie ein mulmiges Gefühl, da sie weder wussten, wonach sie suchen sollten, noch was sie hier erwarten würde.

Ein lautes, schnelles TOCK, TOCK, TOCK ließ alle zusammenzucken, bis Jannik die Ursache entdeckt hatte: »Ein Buntspecht! Wow, sieht der super aus, guckt mal, da oben an dem Stamm!« Er zeigte begeistert auf eine riesige Buche.

»Jaja, sehr schön«, murmelte Flora und schüttelte einen Stein aus ihrem pinken Turnschuh. »Hoffentlich finden wir bald einen Eingang!«

»Da, das sieht doch gut aus!« Pauline zeigte auf eine Stelle, an der der Zaun eingerissen war. Mit vereinten Kräften bogen die Kinder das Gitternetz noch weiter auseinander, bis es groß genug war, dass sich alle durchquetschen konnten.

Auf der anderen Seite des Zauns mussten sie sich ihren Weg durch dornige Brombeerranken und dichtes Gestrüpp suchen.

»Die Kiesgrube kann jetzt nicht mehr weit sein.« Ben drehte sich zu seinen Freunden um. »Passt auf, wo ihr hintretet.« Plötzlich blieb er wie angewurzelt stehen. Dann warf er sich auf den Boden und deutete aufgeregt nach vorne. Ben machte wilde Zeichen, die aber keiner außer ihm verstand. Vorsichtshalber kauerten sich Lennart, Pauline, Flora und Jannik ebenfalls ins Gras.

Pauline robbte bäuchlings zu Flora herüber »Was ist los?«, zischte sie ihrer Freundin ins Ohr.

»Keine Ahnung«, wisperte Flora, die sich gerade fragte, wie sie nur so dämlich sein konnte, zu so einer heiklen Mission eine so auffällige Farbe wie Pink anzuziehen. Das nächste Mal würde sie mehr Wert auf Tarnung legen.

Ben legte den Zeigefinger an den Mund und gab ihnen ein Zeichen, vorsichtig näher zu kommen. Mühsam krochen die vier zu Ben herüber. Bei jedem knacksenden Ast zuckten sie zusammen und hielten die Luft an. Von Bens Platz aus konnte man die ganze stillgelegte Kiesgrube überblicken. Einen Meter weiter ging es schon steil bergab.

Die ehemalige Grube war ungefähr so groß wie vier Fußballplätze. Die Hänge und Abbruchkanten ringsherum ließen die frühere Abbautätigkeit erahnen. Aber mit den Jahren hatte sich die Natur ihren Platz zurückerobert und kleine Bäume und Sträucher überwucherten den Boden.

Unmittelbar vor ihnen und nur einige Meter tiefer parkte ein weißer Lieferwagen. Die Fahrertür ging auf und ein glatzköpfiger junger Mann in Jeans und Kapuzenpullover stieg aus. Ohne hinzusehen, schnippte er eine brennende Zigarettenkippe achtlos ins Gebüsch.

»Der spinnt ja wohl!«, schimpfte Flora verhalten und handelte sich damit einen schmerzhaften Rippenstoß von ihrem Bruder ein, der ihr bedeutete, um Himmels willen leise zu sein.

Der Mann öffnete die hinteren Türen und stellte nach und nach mehrere weiße Kanister neben dem Lieferwagen auf den Boden. Dann hob er den Kopf und sah sich suchend um. Sofort duckten sich die Kinder und pressten die Gesichter in den piksenden Untergrund.

Ungläubig beobachteten sie, wie der Fahrer die Plastikkanister in eine Kuhle warf und dann mit einem Spaten

zügig Sand und Erde darüber schaufelte, bis die Behälter nicht mehr zu sehen waren. Zum Schluss drapierte er noch ein paar Zweige über der Stelle. Zufrieden betrachtete der Mann sein Werk, zündete sich eine neue Zigarette an und stieg wieder in den Lieferwagen.

»Was ist das denn für eine Aktion?!«, wunderte sich Lennart. »Der kommt hier ins Naturschutzgebiet, lädt haufenweise Kanister ab und vergräbt sie auch noch. Da ist doch was oberfaul!«

Ben nickte. »Da kannst du Gift drauf nehmen!«

»Ob das der gleiche Lieferwagen ist, den Miranda hier gesehen hat?«, überlegte Jannik.

»Mensch, ich hab doch mein Handy dabei!«, rief Pauline plötzlich und wühlte hektisch in ihrem Rucksack.

»Was hast du vor?«, fragte Lennart und ließ dabei den Lieferwagen, der gerade wendete, nicht aus den Augen.

»Na was wohl, ein Foto machen!« Triumphierend hob Pauline ihr Handy und drückte auf den Auslöser, als der Lieferwagen gerade losbrauste.

»Schade«, murmelte sie, nachdem sie sich das Foto genauer angesehen hatte. »Es ist nicht viel zu erkennen. Kein Firmenname zu sehen. Aber vielleicht kann man am Computer das Nummernschild noch weiter vergrößern.«

Ben erhob sich und klopfte sich die Erde von der Hose. »Kommt, wir gucken mal nach, was in den Kanistern drin ist.«

»Was?!« Jannik machte ein erschrockenes Gesicht. »Und wenn der Typ gleich wiederkommt?«

»Das hören wir dann ja früh genug«, entgegnete Ben.

»Äh, vielleicht sollte einer von uns Wache halten?«, fragte Jannik und drückte Fiona an sich.

»Gute Idee«, sagte Pauline, stand auf und klopfte ihm auf die Schulter. »Ich glaube, du bist genau der richtige Mann dafür. Wenn du etwas Außergewöhnliches hörst oder siehst, machst du den Käuzchenruf und wir wissen Bescheid.«

»Käuzchen? Häh?!« Jannik sah Pauline verständnislos an. Diese winkte ab. »Schon gut, schon gut, dann eben kein Käuzchen. Welche Tierstimmen hast du denn drauf?«

»Hahn?«, schlug Jannik vor.

»Wie wär's mit dem Seepferdchenruf?«, fragte Lennart hinterlistig.

»Jetzt hört endlich auf zu quatschen!«, schimpfte Ben. »Lasst uns nachsehen, was der Kerl dort vergaben hat!«

Jannik bezog seinen Wachposten oberhalb des steilen Hangs und die anderen rutschten auf dem Hosenboden in die Grube herunter.

Da die vier kein Werkzeug dabeihatten, mussten sie die Erde mit den Händen zur Seite schaufeln, bis sie einen der Kanister zu fassen bekamen. Ben zog ihn heraus.

Eine dunkle Flüssigkeit schwappte in dem Behälter hin und her. Sie wischten den Sand von dem Kanister ab und stellten enttäuscht fest, dass sie nun auch nicht mehr wussten als vorher. Nichts verriet die Herkunft des Kanisters. Keine Aufschrift, kein Zeichen. Es ließ sich auch kein Hinweis darauf finden, worum es sich bei der Flüssigkeit handeln könnte.

»Und jetzt?« Pauline schaute ratlos in die Runde.

»Du kannst es ja mal probieren«, witzelte Lennart.

Pauline gab ihm nur einen unsanften Schubs zur Antwort. »Lasst die Kanister bloß zu! Wer weiß, was da für eine Giftbrühe drin ist.«

»Ich weiß, was wir jetzt machen«, sagte Flora. »Wir gehen zu Miranda! Sie ist doch Wissenschaftlerin, sie kann bestimmt herausfinden, was das für ein Zeug ist.«

Nachdem Lennart, Pauline, Flora und Ben den Kanister wieder verbuddelt hatten, kletterten sie mühsam die Böschung hinauf. Sie waren mehr oder weniger von Kopf bis Fuß verdreckt. Lennart mehr, Pauline weniger.

»Hey, Leute, die Luft ist rein!« Jannik empfing sie sichtlich erleichtert auf seinem Beobachtungsposten und musterte seinen Bruder kritisch. »Mama kriegt einen Anfall, wenn sie deine Klamotten sieht.«

Lennart zuckte nur mit den Achseln. »Detektivarbeit hat ihren Preis. Und wozu gibt es schließlich Waschmaschinen.«

»Was ist denn nun in den Kanistern drin?«, fragte Jannik gespannt.

Ben schüttelte bedauernd den Kopf. »Keine Ahnung, da stand nichts drauf. Wir sind genauso schlau wie vorher.«

Die Kinder gingen den Weg zurück zum Tor. Sie waren gespannt, was Miranda zu ihrer Entdeckung sagen würde.

»Hallo, da seid ihr ja schon wieder!« Miranda winkte den Kindern vom Dach des Hausbootes zu, als sie ihre Räder am Ufer abstellten.

»Wir müssen Sie etwas fragen! Dürfen wir an Bord kommen?«, rief Pauline zu ihr hoch.

»Na klar, kommt rüber.« Miranda stieg über eine Leiter aufs Deck herunter.

Die Kinder balancierten vorsichtig über den schmalen Steg zum Boot hinüber. Kaum hatte Jannik das Deck betreten, sprang auch schon ein freudig mit dem Schwanz wedelnder Campino an ihm hoch.

»Setzt euch hier auf die Bank.« Miranda wies auf eine blau gestrichene Holzbank, die vor dem Gewächshaus stand, und scheuchte Ernie und Bert herunter. »Was gibt‘s denn so Dringendes? Und wieso seid ihr so verdreckt?!«

»Wir waren da! In der Kiesgrube!« Ben sprang wieder auf. »Und es war genau so, wie Sie gesagt haben.«

»Wie ich gesagt habe?«, fragte Miranda verwundert. »Was meint ihr denn?«

»Der Lieferwagen! Wir haben ihn beobachtet!«, stieß Flora atemlos hervor. Und dann berichteten die Kinder aufgeregt von ihrer Entdeckung in der Kiesgrube.

»Na, das ist ja eine Geschichte«, staunte Miranda. »Hab ich mir doch gedacht, dass mit dem Lieferwagen etwas nicht stimmt.«

»Warum haben Sie denn nicht die Polizei gerufen?«, fragte Flora.

»Es hätte ja auch jemand von der Kiesgrube oder vom Umweltamt sein können. Dass da jemand Kanister vergräbt, habe ich ja gar nicht mitbekommen.« Miranda sah sie der Reihe nach an. »Und warum habt *ihr* nicht die Polizei gerufen?«

»Na ja, weil ... äh«, druckste Pauline herum. »Weil ...«

»Wir haben unsere Gründe«, kam Lennart ihr zu Hilfe.

»Soso«, lächelte Miranda. »Ich glaube, ich kenne eure Gründe.« Sie zeigte auf die Zeitung, die zerlesen auf dem Boden neben der Bank lag. »Ich denke, ich habe heute Morgen noch davon gelesen. Habe ich recht, ihr Grünen Piraten?«

Die Kinder sahen sie erschrocken an.

»Sie verraten uns doch nicht, oder?«, fragte Pauline.

»Natürlich nicht«, beruhigte Miranda sie. »Das war doch eine Spitzenaktion von euch. Ich habe mich köstlich amüsiert, als ich den Artikel gelesen habe.«

Dann mussten die fünf Miranda in allen Einzelheiten von ihrer nächtlichen Müllaktion erzählen und wie sie auf die Idee gekommen waren.

Miranda musste laut lachen. »Das Gesicht von Bürgermeister Klotzmeier hätte ich gerne gesehen, als er den Müllbrunnen entdeckt hat. Und dass es auch noch sein eigener Vorschlag war! Wirklich super!«

Nachdem die Freunde sich genügend in Mirandas Begeisterung gesonnt hatten, wurde Pauline wieder ernst. »Jetzt machen wir uns an den nächsten Fall für die Grünen Piraten«, sagte sie. »Wir müssen dem Müllverbrecher aus der Kiesgrube das Handwerk legen.«

»Genau«, bestätigte Ben. »Dem geben wir so richtig eins auf die Mütze!«

»Wie habt ihr euch das denn vorgestellt?«, fragte Miranda.

»Zuerst müssen wir untersuchen, was für eine Flüssigkeit da vergraben worden ist!«, sagte Pauline eifrig. »Und dann ...«

»Dann müssen wir herausfinden, wem der Lieferwagen gehört.« Jannik kramte in seinem Rucksack nach einer Kekspackung. »Fiona hat bestimmt auch Hunger«, murmelte er entschuldigend.

»Wir sollten mit Punkt eins beginnen«, stellte Miranda fest. »Das heißt, wir fahren jetzt zur Kiesgrube, damit ich eine Probe von der Flüssigkeit nehmen kann. Wer kommt mit und zeigt mir die Stelle?«

Bis auf Jannik, der mit den Keksen beschäftigt war, sprangen alle auf und riefen gleichzeitig: »Iiich!!«

»Ich kann leider nur zwei von euch mitnehmen. Einer kann auf den Rücksitz und einer in den Beiwagen.«

»Beiwagen?!«, fragte Flora skeptisch. »Also, dann bleib ich freiwillig hier.«

Ben machte ein enttäuschtes Gesicht, aber da er seine Schwester nicht alleine lassen wollte, verzichtete er auch.

Pauline und Lennart klatschen sich lachend ab. »Cool, dann fahren wir!«

Währenddessen hatte Miranda einen kleinen Schuppen aufgeschlossen, der hinter dem Gewächshaus lag. Sie rollte ein ziemlich großes knallblaues Motorrad mit einem ebenso blauen Beiwagen heraus. Die Kinder staunten nicht schlecht, als Miranda das Gefährt vor ihnen abstellte.

»Wow!« Ben pfiff bewundernd durch die Zähne. »Tolle Maschine, eine BMW.«

Miranda betätigte einen Hebel und sogleich klappte ein Teil der Reling langsam nach außen. Unter der Klappe schob sich ein breites Brett heraus, das am Ufer auflegte.

Sie amüsierte sich über die staunenden Gesichter der Kinder. »Meine eigene Erfindung!«

Miranda setzte sich einen schwarzen Motorradhelm auf.

Pauline und Lennart bekamen einen roten und einen weißen Helm. Aufgeregt kletterte Pauline in den Beiwagen. Sie versank fast in dem gemütlichen Polster und ihr Kopf guckte gerade noch hinter der großen Scheibe hervor.

Miranda holte aus dem Labor noch einen Aluminiumkoffer, den Pauline zwischen ihren Beinen verstaute. Dann stieg die ältere Frau auf und startete das Motorrad. Mit einem lauten Knall zündete der Motor und knatterte dann stetig vor sich hin.

»Komm schon, Lennart«, schrie Miranda und klopfte hinter sich auf den Sitz.

Der Junge schwang sich auf den Rücksitz und angelte mit den Füßen nach den Fußrasten.

»Halt dich gut an mir fest!«, wies die Fahrerin ihn an.

Lennart nickte, so gut das mit dem schweren Helm ging. Mann, war er aufgeregt! Er war noch nie auf einem Motorrad mitgefahren. Gut, dass seine Mutter ihn jetzt nicht sah, sie hätte das sofort verboten. Aber schließlich war es ja für eine gute Sache.

Miranda klappte noch mal das Visier ihres Helms hoch. »Tschüss, ihr drei, wartet hier auf uns. Campino passt auf euch auf«, rief sie Jannik, Ben und Flora über den Motorenlärm hinweg zu.

Der Motor heulte auf und Miranda fuhr langsam über das breite Brett ans Ufer. Unten angekommen gab sie Gas und brauste mit Pauline und Lennart davon.

Ben, Flora und Jannik vertrieben sich das Warten damit, sich noch mal in Mirandas Labor umzusehen. Ein länglicher dunkelbrauner Fleck an der Wand war der einzige Hinweis darauf, dass es hier einen Brand gegeben hatte.

»Lasst uns nach Spuren suchen«, schlug Jannik vor. »Vielleicht hat jemand das Feuer mit Absicht gelegt!«

»Aber wieso sollte das jemand tun?!« Flora guckte Jannik entsetzt an.

Ben winkte ab. »So ein Quatsch!«

»Warum denn nicht? Wer weiß, an welchen geheimen Aufträgen Miranda hier so arbeitet«, beharrte Jannik und ging auf das Fenster zu. »Guckt euch doch mal die Kratzspuren hier am Fensterrahmen an – was sagt ihr dazu?!« Triumphierend drehte er sich zu den Geschwistern um.

Ben grinste. »Du bist ein echter Meisterdetektiv, Jannik. Hast du vergessen, dass die schwarze Katze hier eingeschlossen war? Die hat sicher alles versucht, um hier rauszukommen.«

»Stimmt.« Jannik machte ein enttäuschtes Gesicht.

»Sei doch froh«, munterte Flora ihn auf. »Es reicht doch völlig, wenn wir *einem* Verbrecher hinterherjagen!«

Damit beendeten sie fürs Erste ihre Detektivarbeit. Sie vertrieben sich die Zeit damit, Campino hinter einem Ball herjagen zu lassen, bis von Ferne leises Motorenbrummen die Rückkehr von Miranda, Lennart und Pauline ankündigte.

Am Ufer kletterte Lennart mühsam aus dem Beiwagen. Er zog den Helm vom Kopf und wuschelte sich durch die platt gedrückten Haare. »Wir haben es!«, rief er den drei Piraten an Deck begeistert zu.

Kurze Zeit später drängten sich die Grünen Piraten hinter Miranda ins Labor. Schließlich wollten alle dabei sein, wenn sie die Flüssigkeit analysierte.

»Campino, du musst aber wirklich draußen bleiben«, sagte Miranda und schickte den kleinen Hund, der sich durch ihre Beine quetschen wollte, in die Küche zurück. Dann stellte sie den riesigen Alukoffer auf dem Tisch ab und griff nach einem weißen Kittel, der an einem Haken an der Wand hing. Jetzt sah sie wirklich wie eine waschechte Wissenschaftlerin aus.

»So, dann wollen wir doch mal sehen, was in euren Kanistern steckt«, murmelte sie, während sie den Deckel des Koffers aufklappte. Sie holte ein kleines Glasfläschchen heraus, das gut gepolstert in einer Styroporhülle steckte. Damit ging sie zu dem großen Apparat, der auf einem kleinen, stabilen Tisch in der Zimmerecke aufgebaut war.

»Das Schätzchen hier ist ein Gas-Chromatograph«, erklärte Miranda. »Er wird uns verraten, welche chemischen Bestandteile in dieser Flüssigkeit enthalten sind. Und dann wissen wir gleich, was in diesen Kanistern steckt.«

Nachdem sie sich einige Zeit an dem Gerät zu schaffen gemacht hatte, drehte sie sich zu den Kindern um. »So, jetzt müssen wir ein paar Minuten warten, bis wir ein Ergebnis bekommen. Kommt mit in die Küche, ihr habt doch bestimmt auch Hunger.«

Jannik nickte begeistert und schob seine Freunde aus dem engen Labor, sodass sich alle gegenseitig auf die Füße traten.

In der gemütlichen Kombüse war Miranda schnell wieder die Alte. Als sie den Kittel ablegte, kamen wieder der gestrickte Pullover und die blaue Jeans zum Vorschein. Sie holte die leckere Zitronenlimonade aus dem Kühlschrank und stellte ein paar selbst gebackene Kekse auf den Tisch. Völlig ausgehungert fielen die Kinder über die Hafer-Schokoplätzchen her.

Miranda lächelte belustigt. »Lasst es euch nur schmecken.«

Nach einer Weile ertönte ein leises PLING! aus dem Nachbarraum.

Miranda stand eilig auf. »Das Ergebnis ist da! Wartet, ich hole es.« Kurz darauf kam sie mit einem Streifen Papier zurück. Sie studierte es aufmerksam und schnaubte dann wütend durch die Nase. »Also wirklich, das ist ja eine Giftbrühe!«

Die Piraten versammelten sich um sie und sahen erwartungsvoll auf den Zettel. Es waren verschiedene Kurven zu sehen, neben denen seltsame Begriffe standen, von denen die Kinder noch nie etwas gehört hatten.

»Und was haben diese ganzen Linien zu bedeuten?«, fragte Pauline.

»Die Kurven hier zeigen uns, welche Stoffe in der Flüssigkeit enthalten sind. Diese hier«, Miranda deutete auf eine der Linien, »das ist Permethrin und dann gibt es noch Dichlofluanid und Tebuconazol.«

»Ich versteh nur Bahnhof und Kofferklauen«, sagte Jannik und stupste Fiona in seinen Jackenärmel zurück.

Lennart beugte sich gespannt über das Blatt. Er fand diesen Gas-Chromatographen höchst interessant.

»Einfach ausgedrückt, das Zeug ist hochgiftig und darf auf keinen Fall in den Boden und ins Grundwasser gelangen. Permethrin ist ein Insektengift und die anderen beiden Stoffe sind Fungizide – also Mittel gegen den Pilzbefall. Solche Stoffe sind gefährlicher Abfall, die müssen auf jeden Fall speziell entsorgt werden«, sagte Miranda nachdrücklich.

»Ja und wieso macht der Typ das dann nicht?«, fragte Ben verständnislos.

»Weil die Entsorgung toxischer Stoffe eine Menge Geld kostet«, entgegnete Miranda. »Und das wollen sich eben einige auf Kosten der Umwelt sparen.«

»Was passiert denn eigentlich, wenn das Gift in den Boden sickert?«, fragte Lennart.

»Der Regen spült die Giftstoffe ins Grundwasser und damit in die Flüsse. Und das ist dann eine Gefahr für sämtliche Lebewesen und Pflanzen, die damit in Berührung kommen.« Miranda machte ein besorgtes Gesicht.

Paulines Wangen glühten vor Aufregung. »Hoffentlich laufen die Kanister nicht aus. Stellt euch das mal vor!«

»Das sind doch echt Verbrecher!«, schimpfte Jannik.

»Aber wozu braucht man solche Gifte überhaupt?«, fragte Flora.

»Fungizide und Insektizide werden in der Landwirtschaft eingesetzt, um die Ernte vor Schädlingsbefall zu schützen oder auch bei der Imprägnierung von Hölzern. Sie könnten also zum Beispiel von einem Holzschutzmittel stammen.«

Lennart schob das Blatt nachdenklich auf dem Tisch herum. »Na toll, und was machen wir jetzt?«

»Vielleicht solltet ihr doch zur Polizei gehen«, meinte Miranda. »Das Zeug muss aus der Erde geholt und fachgerecht entsorgt werden.«

Die Kinder sahen sich unschlüssig an.

»Das Blatt könnt ihr mitnehmen«, sagte Miranda und griff nach ihrer Jacke, die an der Garderobe neben der Eingangstür hing. »Ich muss jetzt leider weg, ich habe noch einen Termin.«

»Wollen Sie denn nicht etwas unternehmen?«, fragte Flora und sah die ältere Frau hoffnungsvoll an.

Miranda lächelte. »Ihr seid doch die Grünen Piraten, oder? Ihr werdet schon das Richtige tun.« Mit diesen Worten schob sie die verdutzten Kinder aus der Kombüse aufs Schiffsdeck.

Am Ufer trennten sich ihre Wege. Miranda fuhr mit dem Fahrrad am Fluss entlang, während die Kinder zurück nach Bieberheim radelten.

»Wir müssen uns jetzt überlegen, wie wir den Typen stoppen können«, stellte Lennart fest und vollführte ein paar waghalsige Schlenker mit seinem Rad.

»Genau«, gab Jannik seinem Bruder recht. »Auf ins Hauptquartier, Krisensitzung der Grünen Piraten!« Er versuchte, mit den anderen auf einer Höhe zu bleiben, fiel aber bald zurück. »Wer als Letzter ankommt, hat gewonnen«, rief er den anderen nach, als die hinter der nächsten Wegbiegung verschwanden.

Wenig später saßen und lagen die fünf in dem kleinen Wohnwagen. Ben kramte eine Tüte Gummibärchen hervor und ließ sie herumgehen.

»Also eins ist ja klar«, sagte er kauend. »Wir können nicht zur Polizei gehen. Schließlich suchen die uns.«

»Leider hast du recht«, stimmte Lennart zu. Selbst ihm war jetzt nicht nach Witzen zumute.

Pauline rutschte unruhig auf der Bank herum. Dass sie zu den Grünen Piraten gehörte, durfte auf keinen Fall herauskommen, sonst würden ihre Eltern sie mindestens ein Jahr lang nicht mehr vor die Tür gehen lassen.

»Ich habe eine Idee«, sagte sie. »Wir schreiben dem Bürgermeister. Ein Brief von den Grünen Piraten. Dann soll der sich darum kümmern. Ihm liegt ja schließlich etwas an der Umwelt, deshalb hat er doch diese Müllsammelaktion ins Leben gerufen.«

Die Kinder sahen sich erleichtert an.

»Super Idee, Pauli«, rief Flora. »Wofür haben wir denn auch einen Bürgermeister?!«

Alle waren froh, dass sie so um den Besuch im Polizeirevier herumkamen. Sie setzten ihren Plan sofort in die Tat um und schrieben einen Brief, in dem sie dem Bürgermeister von dem Gift berichteten, mit einem Lageplan der vergrabenen Kanister und einer Beschreibung des Lieferwagens. *Hochachtungsvoll, die Grünen Piraten.*

Obwohl es schon spät war, schafften sie es noch, den Brief im Rathaus einzuwerfen.

Wo bleibt die Polizei?

Am nächsten Nachmittag trafen sich die Freunde wieder im Wohnwagen.

»Was ist mit Ben?«, fragte Lennart, als Flora ohne ihren Bruder eintraf.

»Ben musste zum Förderunterricht. Seine Noten sehen miserabel aus.« Flora warf sich missmutig auf die Eckbank. »Wenn das im nächsten Halbjahr nicht besser wird, muss er auf die Förderschule und kann nicht mit mir auf die Gesamtschule.« Sie schnipste wütend ein paar Krümel über den Tisch.

»Du bist doch sowieso erst nächstes Jahr dran«, tröstete Jannik sie. »Bis dahin schafft er es vielleicht.«

Lennart und Pauline sahen sich skeptisch an. Sie wussten, dass Ben ziemliche Schwierigkeiten in der Schule hatte. Er war schon einmal zurückgestuft worden und auch jetzt sah es schlecht aus, obwohl sie sich alle Mühe gaben, Ben im Unterricht zu helfen.

»Kommt jetzt, dann müssen wir eben ohne Ben los«, drängte Lennart.

»Wohin gehen wir denn?«, wollte Flora wissen.

»Wir fahren zur Kiesgrube«, klärte Pauline sie darüber auf, was sie vorhin beschlossen hatten.

»Es wird da jetzt vor Polizei und Spurensicherung nur so wimmeln. Das können wir uns doch nicht entgehen lassen«, ertönte Janniks Stimme unter dem Sofa. »Hab ich dich!«, rief er und kroch mit Fiona in der Hand zurück. Sein Pullover war übersät mit dicken Staubflocken.

»Echt schick, Jannik«, kicherte Lennart und zupfte seinem Bruder ein paar Wollmäuse aus den Haaren. »Fiona denkt glatt, du bist einer von ihnen.«

Jannik klopfte sich hustend den Staub von den Klamotten. »Wer ist hier eigentlich fürs Putzen zuständig?«

Lennart riss die Tür auf. »Mama!«, schrie er.

Jannik stürzte sich auf seinen Bruder und zog ihn zurück. »Bist du verrückt! Mama lässt uns hier glatt das ganze Wochenende schrubben. Wir haben Wichtigeres zu tun.«

»Stimmt«, stellte Pauline fest, die mit Flora schon draußen stand und wartete. »Vielleicht hört ihr mal mit dem Blödsinn auf und kommt endlich!«

Zwanzig Minuten später schoben die vier ihre Räder in das Gebüsch neben dem Tor, das den Eingang zur Kiesgrube versperrte.

Pauline zog an dem Schloss. »Immer noch abgeschlossen«, rief sie den anderen zu. Sie spähte durch das Gitter. Die Kiesgrube lag ruhig und verlassen da.

»Das sieht hier aber nicht nach Polizei und Sonderkommission aus«, stellte Lennart verwundert fest, als er hinter Pauline auftauchte.

»Vielleicht sehen wir die nur nicht«, sagte Flora aufmunternd. »Los, kommt! Wir gehen wieder durch die Zaunlücke.«

Schweigend liefen die Kinder am Zaun entlang, bis sie zu der Stelle kamen, an der sich das kniehohe Loch befand. Einer nach dem anderen schlüpften sie hindurch. Sie legten sich auf den Boden und robbten langsam an den Rand des Abgrunds heran.

Die Kiesgrube lag friedlich schlummernd vor ihnen. Nur ein paar Kaninchen hüpften von Grasbüschel zu Grasbüschel und mümmelten vor sich hin.

»Was soll das?!« Janniks Stimme klang frustriert. »Warum ist hier niemand? Ob der Bürgermeister unseren Brief nicht bekommen hat?«

»Vielleicht hat ihn jemand abgefangen«, überlegte Flora.

»Klar, seine Oma wahrscheinlich!« Lennart tippte sich an die Stirn.

»Hast du eine bessere Idee?«, fauchte Flora.

»He, jetzt hört mit dem Gezicke auf«, unterbrach Pauline

die beiden Streithähne. »Das hilft uns jetzt auch nicht weiter.«

»Wahrscheinlich haben sie unseren Brief nicht ernst genommen«, sagte Jannik enttäuscht. »Sie haben bestimmt gedacht, wir wollen sie veräppeln.«

»Vielleicht kommen sie aber auch noch«, sagte Pauline trotzig. »Ich warte noch ein bisschen.«

Natürlich wollte keiner Pauline alleine in der Kiesgrube zurücklassen, also warteten sie gemeinsam. Flora holte ihr Handy raus und schrieb eine SMS an ihren Bruder, damit er wusste, wo er sie finden konnte. Wenig später kündigte ein leises Summen seine Antwort an.

»Was sagt er?«, fragte Lennart schläfrig.

»*Öde, öde, bin ich blöde? Bis gleich!*«, las Flora laut vor und lachte. Die anderen stimmten mit ein.

»Der Arme«, sagte Jannik.

»Na, so viel spannender ist es bei uns auch nicht«, stellte Lennart fest.

Es wurde langsam dämmrig, als plötzlich ein jämmerlicher, schriller Schrei durch die Grube hallte. Die Kinder zuckten erschrocken zusammen und horchten angespannt, ob noch weitere folgten.

»Was zum Teufel war das?«, fragte Lennart heiser und starrte die anderen mit aufgerissenen Augen an.

»Keine Ahnung«, flüsterte Flora und rückte etwas näher

an Pauline heran. Die legte beruhigend den Arm um ihre Freundin, obwohl auch ihr ziemlich unheimlich zumute war.

Da! Da war es schon wieder! Ein gellender Schrei!

Kalte Schauer rieselten den Kindern über den Rücken.

Nur Jannik schaute mit leuchtenden Augen in die Kiesgrube hinunter. »Da, guckt mal!« Er wies mit ausgestrecktem Arm auf ein Tier, das durch die Kiesgrube jagte. »Eine Eule! Das ist ja super! Die habe ich bisher nur im Fernsehen gesehen.«

»Eine Eule?«, fragte Flora zweifelnd. »Bist du sicher?«

Jannik nickte. Gebannt beobachteten die Kinder, wie die Eule lautlos in der Dämmerung Jagd auf ihre Beute machte.

Für kurze Zeit vergaßen sie völlig, worauf sie eigentlich hier oben im Gras warteten, bis ein lauter Pfiff ertönte.

»Ben ist unten am Tor!« Flora stand auf.

»Lasst uns zurückgehen«, schlug Pauline vor. »Heute kommt bestimmt niemand mehr.«

Ben lümmelte auf einem großen Stein, als seine Freunde angerannt kamen. »Hey, was gibt's Neues?«, begrüßte er sie.

Schnell klärten sie ihn darüber auf, dass es überhaupt nichts Neues gab. Aber auch nicht das Geringste!

Enttäuscht machten sich die Kinder auf den Heimweg. Was konnten sie jetzt nur tun, wenn sich nicht einmal der Bürgermeister um solche Sachen kümmern wollte! Sollten sie vielleicht doch zur Polizei gehen?

»Nein! Wisst ihr, was wir jetzt machen?«, sagte Flora heftig.

»Raus mit der Sprache!« Ben ließ sich ein Stück zurückfallen, um neben seiner Schwester zu fahren.

»Wir gehen zur Zeitung!«

»Genial, Flora«, lobte Lennart. »Der Journalist, der den Artikel über unseren Müllbrunnen geschrieben hat, das ist unser Mann!«

»Gute Idee.« Pauline trat schneller in die Pedale. »Und wir schicken auch gleich Mirandas Auswertung und das Foto vom Lieferwagen mit. Wir müssen es nur noch von meinem Handy runterladen. Weiß jemand, wie das geht?«

»Kein Problem«, meldete sich Lennart. »Wir überspielen das auf Mamas Laptop und schicken dem Reporter eine E-Mail.«

»Nein, keine E-Mail«, keuchte Jannik. »He, jetzt fahrt doch nicht so schnell, ich kann nicht mehr.«

Lennart bremste ab. »Sorry, Jannik. Ich vergesse immer, dass du nicht so sportlich bist wie ich!« Er grinste seinen Bruder an, sodass seine Augen zu noch schmaleren Schlitzen wurden, als sie es ohnehin schon waren.

»Haha, sehr witzig«, japste Jannik.

»Warum denn keine E-Mail?«, fragte Flora.

»Die kann zurückverfolgt werden«, antwortete Jannik. »Es ist besser, wir werfen wieder einen schönen, altmodischen Brief ein. Und das Foto drucken wir im Drogeriemarkt auf dem Fotodrucker aus.«

Die Kinder fuhren direkt in die Innenstadt zum Drogeriemarkt. Zu fünft belagerten sie den Fotodrucker und sahen gespannt zu, wie Lennart das Foto des weißen Lieferwagens von Paulines Handy auf den Computer überspielte. Ungeduldig warteten sie darauf, dass das Bild in dem Schlitz auftauchen würden. Endlich plumpste es in den Schacht.

Jannik nahm das Foto heraus und fünf Köpfe beugten sich aufgeregt darüber. Das Bild war sogar ziemlich scharf. Leider war das Nummernschild aber so verdreckt, dass es nicht zu entziffern war. Das einzig Auffällige war ein roter Streifen, der sich quer über die Hecktüren zog.

»Das gibt‘s doch nicht!«, schrie Jannik plötzlich. »Den Wagen kenn ich doch!«

»Leise«, zischte Pauline. Es sahen schon ein paar Leute neugierig zu ihnen herüber.

»Den Wagen habe ich schon mal gesehen«, flüsterte Jannik aufgeregt.

»Wo denn? Nun sag schon!«, drängte Flora.

»Da, wo meine Mutter arbeitet, beim Falterwerk. Sie ist da Sekretärin und manchmal machen wir Botengänge für ihren Chef. Und vor ein paar Wochen hätte uns auf dem Firmengelände so ein Lieferwagen fast über den Haufen gefahren. Weißt du noch, Lennart?!«

»Klar weiß ich das«, nickte sein Bruder. »Aber war das derselbe? Bist du sicher, Jannik?«

»Auf jeden Fall! Ich habe ihm noch so lange nachgestarrt, weil ich so sauer war. Der hatte auch so einen roten Streifen auf der Tür. Genau an der gleichen Stelle.«

»Hammer«, stellte Ben fest und schlug Jannik so fest auf den Rücken, dass Fiona vor Schreck aus seinem Kragen krabbelte.

»Iiiihh!« Eine ältere Frau, die schon ungeduldig hinter

ihnen auf den Fotodrucker wartete, schrie entsetzt auf, als sie die kleine weiße Ratte entdeckte. »Hilfe! Eine Ratte!«

»Los, raus hier.« Pauline zog Jannik am Ärmel mit sich.

Nachdem sie hastig bezahlt hatten, verzogen sie sich in den nächsten Hauseingang, um zu beratschlagen, was sie jetzt tun sollten. Ben nahm Pauline das Foto aus der Hand. »Das kann aber doch Zufall sein, dass der Wagen auch beim Falterwerk war, oder? Vielleicht ist das ein Kurierdienst?«

»Oder hast du etwa gesehen, dass der Typ Kanister eingeladen hat?«, fragte Flora.

»Äh, nein ...«, antwortete Jannik zögernd, »das nun nicht gerade, aber ...«

»Was ist das Falterwerk überhaupt für eine Firma?«, wollte Pauline wissen. »Was produzieren die denn da?«

Lennart und Jannik sahen sich an. »Das Falterwerk stellt Holzzäune her und Spielgeräte aus Holz für den Garten«, erklärte Jannik.

»Mensch, Leute«, rief Pauline. »Geht euch langsam ein Licht auf?! Holzschutzmittel! Das ist es! Miranda hat doch gesagt, dass das giftige Zeug aus den Kanistern auch in einem Holzschutzmittel enthalten sein kann!«

»Das bedeutet dann ja wohl ...«, Lennart stockte, »dass die Kanister aus dem Falterwerk stammen, oder?«

»Das liegt doch auf der Hand!« Pauline sah ihn eindringlich an.

»Und Mama sitzt da jetzt mitten zwischen Verbrechern?« Jannik machte ein ängstliches Gesicht.

»Da wird schon nichts passieren!« Ben klopfte ihm beruhigend auf die Schulter. »Wer weiß, ob das überhaupt alles stimmt!«

»Lasst uns zum Falterwerk fahren, vielleicht finden wir da irgendetwas, das uns weiterbringt«, schlug Pauline vor. »Den Brief an den Journalisten schreiben wir dann später.«

Das Falterwerk lag etwas außerhalb von Bieberheim, sodass sie eine halbe Stunde mit dem Rad unterwegs waren. Schon von Weitem erblickten sie eine langgestreckte Halle, die gut geschützt hinter einem hohen Gitterzaun lag. Daneben erstreckten sich die Bürogebäude und ein großer Parkplatz, auf dem einige LKW standen. Vor dem Tor, das auf das Firmengelände führte, stiegen sie ab und schoben ihre Räder an dem Pförtnerhäuschen vorbei. Jannik und Lennart winkten dem Pförtner zu, der ihnen lächelnd zunickte. Er wusste ja, dass die beiden Jungs zu Frau Vogel gehörten.

Sie lehnten ihre Räder vor einem der Bürogebäude an die Wand.

»Was sagen wir Mama denn jetzt, warum wir überhaupt hier sind?«, fragte Jannik seinen Bruder mit gesenkter Stimme.

»Frag doch einfach, ob ihr heute bei uns übernachten dürft. Mama hat Nachtbereitschaft und muss in der Klinik schlafen«, schlug Flora vor. »Dann können wir noch ein bisschen Pläne schmieden.«

»Super Idee!«, freute sich Ben. »Dann mal los.« Er stürmte durch die Tür, sodass er gegen einen jungen Mann in schickem Anzug prallte.

»Kannst du nicht aufpassen«, ranzte der den Jungen an und rauschte an ihm vorbei.

»'tschuldigung«, murmelte Ben.

Der Mann eilte kopfschüttelnd weiter und die Kinder liefen hinter Jannik und Lennart ins Treppenhaus.

Frau Vogel steckte den Kopf aus ihrem Büro, als sie den Lärm hörte. »Was macht ihr denn hier?!«, fragte sie erstaunt. »Ist etwas passiert?«

Lennart lief zu seiner Mutter und umarmte sie. »Hallo, Mama!«

Frau Vogel musste lachen. »Jetzt sag nicht, du bist hier, weil du solche Sehnsucht nach mir hast. Na, dann kommt mal in mein Büro. Hallo Flora, Pauline, Ben. Wollt ihr mit reinkommen?«

»Nein danke, wir warten solange draußen«, sagte Pauline schnell. So konnten sie sich in aller Ruhe auf dem Firmengelände umgucken.

Während Jannik und Lennart mit ihrer Mutter im Büro

verschwanden, schlenderten Ben und die beiden Mädchen über den Hof. Unauffällig spähten sie in die große Halle.

»Da hinten«, flüsterte Pauline und stieß Flora aufgeregt den Ellbogen in die Seite.

Flora wusste sofort, was ihre Freundin meinte. »Das sind die gleichen Kanister, wie die, die der Mann in der Kiesgrube vergraben hat!«

»Genau!«

»Kommt, wir gehen weiter«, drängte Ben. »Da kommt ein Auto.« Betont gelangweilt spazierten die drei weiter, als ein dicker schwarzer Geländewagen an ihnen vorbeirollte und hinter der Halle verschwand.

»Das war doch Erwin Klotzmeier, der Bürgermeister«, stellte Pauline erstaunt fest. »Was macht der denn hier?«

»Das werden wir gleich herausfinden«, sagte Ben grimmig und wollte dem Wagen hinterherlaufen. »Der kann uns mal verraten, warum er nicht in der alten Kiesgrube ist, um die Kanister auszubuddeln!«

»Langsam, Ben«, Flora zog ihren Bruder am Ärmel zurück. »Du verrätst uns noch! Er darf doch nicht wissen, dass wir die Grünen Piraten sind!«

Ben nickte widerwillig und so schoben sich die Kinder vorsichtig an der Hallenwand entlang und spähten um die Ecke.

Es war wirklich Erwin Klotzmeier, der aus dem Geländewagen stieg. Über seinem dicken Bauch spannte sich ein weißes Hemd, aus dessen Brusttasche er jetzt ein zusammengefaltetes Blatt Papier zog. Ein hagerer Mann trat aus einer Seitentür der Halle und ging auf den Bürgermeister zu. Sie schienen sich zu streiten, aber leider taten sie das

so leise, dass die Kinder kein Wort verstehen konnten.

Jetzt faltete Erwin Klotzmeier den Zettel auseinander und hielt ihn dem anderen Mann unter die Nase. Der starrte erschrocken darauf und griff nach dem Papier. Und in diesem Moment sahen die Kinder den dicken grünen Klecks darauf, der nur ihr Totenkopf sein konnte! Pauline merkte, wie sich Floras Hand um ihre Schulter krampfte.

»Der weiß Bescheid!«, flüsterte Ben heiser. »Die stecken alle unter einer Decke! Ich fasse es nicht!«

Der hagere Mann zerriss den Brief wütend in kleine Fetzen, schmiss sie auf den Boden und blickte den Bürgermeister zornig an.

Pauline, Ben und Flora waren so gebannt von dem Schauspiel vor ihrer Nase, dass sie Jannik und Lennart gar nicht hörten, die plötzlich hinter ihnen standen.

»He, ihr drei«, rief Lennart. »Es hat geklappt. Wir dürfen heute –« Weiter kam er nicht, denn Pauline hatte sich wütend zu ihm umgedreht. »Leise, verdammt!«, zischte sie.

Zu spät. Nicht nur sie, auch Herr Klotzmeier und der andere Mann waren auf die beiden aufmerksam geworden.

»He, was macht ihr hier? Habt ihr uns etwa belauscht?!«, schnauzte der Bürgermeister verärgert.

»Hallo Herr Streit«, rief Lennart dem hageren Mann zu.

»Das ist Albert Streit, Mamas Chef«, klärte Jannik die anderen leise auf.

Herr Streit winkte die Jungs zu sich herüber, als er sie erkannt hatte. »Das sind die Söhne meiner Sekretärin, die machen manchmal Botengänge für mich«, hörten sie ihn zum Bürgermeister sagen. »Jungs, kommt mal her, wollt ihr euch fünf Euro verdienen?«

Lennart und Jannik sahen sich an. Klar wollten sie! Sie waren gespannt, welchen Auftrag der Chef ihrer Mutter für sie hatte.

Der Brieftrick

Herr Streit verschwand im Bürogebäude und kam kurze Zeit später mit einem Umschlag in der Hand zurück. Er klebte ihn zu und streckte ihn Jannik entgegen. Aber Lennart war schneller und griff nach dem Brief und dem 5-Euro-Schein.

»Wird sofort erledigt!« Er stupste seinen Bruder an und gab den anderen ein Zeichen zum Abzug.

Die fünf gingen zu ihren Fahrrädern zurück.

»Das war doch der Bürgermeister, oder?«, fragte Lennart leise. »Was wollte der denn hier?«

Pauline, Ben und Flora klärten die Brüder hastig darüber auf, was sie eben beobachtet hatten.

»Der hat dem Streit unseren Brief gezeigt?!«, keuchte Jannik. »Das heißt ja, dass der Bürgermeister in der Sache mit drin steckt!«

Pauline nickte grimmig. »Von wegen, dem liegt die Umwelt am Herzen! Alles nur Show!«

»Für wen ist denn jetzt der Brief? Das muss doch was mit dem Giftmüll zu tun haben!«, zischte Ben. Am liebsten hätte er Lennart den Brief aus der Hand gerissen, so neugierig war er.

»Reißt euch mal ein bisschen zusammen, vielleicht werden wir beobachtet!« Lennart steckte den Brief ungerührt in die Hosentasche. »Außerdem steht gar kein Name drauf. Bachstraße 12, roter Briefkasten. Das ist alles.«

»Wir müssen den Brief aufmachen!«, sagte Flora entschlossen. »Wir fahren zu uns. Mama ist nicht da, da sind wir ungestört.«

»Lieber nicht.« Jannik machte ein bestürztes Gesicht. »Das fällt bestimmt auf. Dann kriegen wir tierisch Ärger und unsere Mutter auch!«

»Ich kenne einen Trick«, beruhigte ihn Pauline. »Über Wasserdampf löst sich der Kleber. Davon sieht man nachher nichts mehr.«

»Bist du sicher?«, fragte Jannik zweifelnd.

»Klar!« Pauline nickte bekräftigend. »Das funktioniert auf jeden Fall! Ich hab's mal irgendwo gelesen.«

Bei Flora und Ben zu Hause liefen sie sofort in die Küche, um den Wasserkocher anzustellen.

Jannik kam als Letzter angeschnauft. »Warum müsst ihr ausgerechnet im 4. Stock wohnen«, stöhnte er und ließ sich erschöpft auf einen Küchenstuhl fallen. »Und dann auch noch ohne Aufzug!«

Schon nach kurzer Zeit quollen dicke Dampfwolken aus dem Kocher. Lennart zog den Brief aus der Hosentasche und hielt ihn vorsichtig in den Wasserdampf. Es dauerte nicht lange und das Papier wurde weich und wellig. »Ich glaube, das müsste reichen.« Kritisch musterte er den Brief.

Gespannt drängten sich die Kinder um den kleinen Küchentisch. Lennart hielt den Brief in die Mitte. »Wer will es versuchen?« Fragend blickte er in die gespannten Gesichter seiner Freunde.

»Ich!«, sagte Pauline entschlossen und griff nach dem Umschlag. Ganz vorsichtig versuchte sie, die zugeklebte Brieföffnung an einer Seite mit dem Fingernagel anzuheben.

Die Lasche klebte ungerührt fest. Pauline wollte nicht glauben, dass ihr toller Trick nicht funktionierte und zog etwas fester. RATSCH! Erschrocken starrte sie auf den Riss, der sich quer über den Umschlag zog.

»Super Trick, Pauli. So kann man den Brief einfach wieder zukleben und keiner merkt was.« Lennart versuchte, ein Grinsen zu unterdrücken.

Pauline funkelte ihn wütend an.

»Ist doch jetzt egal«, sagte Flora ungeduldig. »Dann nehmen wir eben einen neuen Umschlag. Jetzt guck doch lieber mal, was drin ist!«

Mit zitternden Fingern zog Pauline den Zettel heraus und faltete ihn behutsam auseinander. Plötzlich klopfte es laut an der Wohnungstür. Pauline fiel vor Schreck der Zettel aus der Hand.

Die Kinder starrten sich erschrocken an.

Es klopfte erneut.

»Polizei!«, flüsterte Jannik heiser. »Woher wissen die ...« Weiter kam er nicht, denn eine ihnen allen bekannte Stimme ertönte im Treppenhaus: »Benni, Flora, seid ihr zu Hause?« Ein Schlüssel wurde im Schloss umgedreht.

»Oma Greta!«, zischte Flora unnötigerweise. Natürlich kannten alle Oma Sonnenfeld, die direkt unter Ben und Flora wohnte. Schließlich hatte sie die fünf schon oft mit Puddingstreuselkuchen verwöhnt.

»Pauli, versteck den Brief!« Ben ging seiner Oma im Flur entgegen. »Hey Omi! Wie geht‘s?«

»Hallo Ben, hab ich doch richtig gehört, dass ihr hier raufgepoltert seid. Habt ihr Hunger? Ich habe Streuselkuchen gebacken.« Die kleine grauhaarige Frau schob ihn resolut zur Seite und marschierte in die Küche.

Die anderen vier standen stocksteif um den Küchentisch herum.

»Hallo«, rief Oma Greta fröhlich. »Was ist denn mit euch passiert? Ihr seht alle so blass aus.« Besorgt musterte sie die Kinder.

»Ooch, ni–, nichts«, stotterte Jannik. »Wir ... wir wollten gerade ... äh ...« Hilfesuchend blickte er die anderen an.

Fiona half ihm aus der Klemme, denn sie sprang plötzlich mit einem großen Satz mitten auf den Tisch und grabschte sich einen dicken Brotkrümel. Jannik beeilte sich, sie wieder einzufangen und stopfte sie hastig in seine Jackentasche. Verlegen grinste er die ältere Frau an.

»Ich glaube, Fiona hat Hunger«, stellte Oma Greta fest. »Kommt runter, es gibt Kuchen. Fiona bekommt auch ein paar Streusel ab.« Sie wuschelte ihrer Enkelin durch die blonden Haare.

»Okay, Omi, wir kommen gleich«, sagte Flora. »Wir müssen noch kurz etwas besprechen.«

»Oh, ein Geheimnis?«, flüsterte Oma Greta. »In Ordnung, da will ich nicht stören. Ich geh schon mal runter. Bis gleich!«

Die fünf atmeten erleichtert auf, als die Wohnungstür hinter Oma Greta ins Schloss fiel.

»Oma ist echt cool drauf, aber einen fremden Brief zu öffnen, fände sie absolut nicht in Ordnung«, sagte Ben. »Da hätte sie einen mordsmäßigen Aufstand gemacht.«

Pauline zog den Zettel aus der Kängurutasche ihres Sweatshirts hervor. »*Auslieferung sofort stoppen. Keine Kanister mehr abholen!*«, las sie laut vor. »Aber hier steht kein Name drauf und keine Unterschrift.«

»Und jetzt?« Flora sah in die Runde.

»Jetzt packen wir den Brief erst mal ganz schnell wieder ein«, sagte Jannik und wollte Pauline den Zettel aus der Hand reißen. Ihm war nicht wohl bei der ganzen Sache.

»Immer mit der Ruhe!« Lennart legte seinem Bruder die Hand auf den Arm. »Ich wette, auf der Bachstraße wohnt dieser Typ, den wir in der Kiesgrube gesehen haben. Und wenn der diesen Brief liest, haben wir keine Chance mehr, ihn auf frischer Tat zu ertappen.«

»Wir könnten ihn verfolgen, vielleicht macht der ja noch mehr krumme Dinger?«, schlug Ben vor.

»Aber wie willst du das denn anstellen?«, fragte Jannik zweifelnd. »Wenn er mit dem Auto fährt, hat der uns doch sofort abgehängt.«

»Da hast du natürlich recht«, sagte Flora nachdenklich. »Und außerdem können wir uns ja nicht Tag und Nacht auf die Lauer legen.«

»Ich muss sowieso gleich weg«, sagte Ben nach einem Blick auf die Küchenuhr. »Wir haben ein Meisterschaftsspiel gegen die Südstadt. Ihr müsst den Typen ohne mich beschatten.«

»Mist!«, schimpfte Lennart. »Die Grünen Piraten sind aber wichtiger als Fußball!«

Ben schüttelte den Kopf. »Ich kann doch meine Mannschaft nicht hängen lassen. Das geht nicht.«

»Wer soll denn sonst die Tore schießen?«, nahm Flora ihren Bruder in Schutz. »Wir können ja wohl auch mal zwei Stunden ohne Ben klarkommen.«

»Okay, okay.« Lennart winkte beschwichtigend ab. »Aber was machen wir denn jetzt? Wir müssen den Kerl doch irgendwie aufhalten, bevor er die ganze Kiesgrube vergiftet! Irgendwelche Vorschläge?«

»Sollen wir jetzt nicht mal den Streuselkuchen verputzen, der eine Etage tiefer auf uns wartet?« Voller Vorfreude leckte sich Jannik die Lippen.

Flora schüttelte unwirsch den Kopf. »Der Kuchen muss warten. Wir brauchen erst mal eine Idee!«

»Eine Möglichkeit wäre ...«, Pauline machte eine kunstvolle Pause, »also, wenn ich es mir so überlege, ja, so könnte es klappen ...«

»Was denn, Pauli, nun sag schon«, drängelte Lennart. »Her mit deiner Idee!«

»Es wäre allerdings echt gewagt und Miranda müsste mitmachen«, sagte Pauline nachdenklich. »Sonst klappt es nicht.«

»Jetzt spann uns nicht so auf die Folter!« Flora trommelte nervös mit den Fingern auf der Tischplatte. Dann lauschten die Kinder atemlos Paulines Plan, wie sie den Müllverbrecher auf frischer Tat ertappen und überführen konnten.

»Pauli, der Plan ist genial«, staunte Lennart. »Der hätte glatt von mir sein können.«

Jannik schluckte. »Meint ihr wirklich, wir schaffen das?«, fragte er ängstlich.

»Die Grünen Piraten schaffen alles!«, rief Ben übermütig.

Trotzdem war den Freunden bei dem Gedanken an ihren nächtlichen Ausflug ganz schön mulmig zumute.

Freudestrahlend kam Ben nach Hause. »4:1!«, rief er und warf seine Fußballtasche in die Ecke. »Ich hab drei Tore gemacht!«

»Super!« Flora streckte beide Daumen nach oben.

Jannik und Lennart saßen in Floras Zimmer auf dem Boden und hatten einen großen Haufen Werkzeug vor sich auf dem blauen Teppich ausgebreitet.

»Wir sichern die Ausrüstung für heute Abend«, sagte Lennart, während er eine Taschenlampe prüfend ein- und ausschaltete.

»Wo ist Pauline?« Ben sah sich suchend um.

»Sie darf nicht bei uns übernachten«, sagte Flora und machte ein verärgertes Gesicht. »Ihre Eltern haben es verboten, weil morgen Schule ist.« In diesem Moment klingelte das Telefon.

»He, Pauli«, rief Flora erfreut. »Wir haben gerade von dir gesprochen. Hast du noch mal deine Eltern gefragt?« Sie ließ sich auf dem Teppich nieder. »Hm, okay ... Ja, super!

Wie hast du das denn geschafft?! ... Prima, dann bis nachher. Tschüss, Pauli.«

Die Jungs sahen sie fragend an.

»Pauline kommt gleich. Wir sollen auf keinen Fall ohne sie losfahren. Sie hat ihre Eltern doch noch rumgekriegt.«

Lennart grinste. »Cool, sie hätte sich sonst schwarz geärgert, wenn sie beim großen Finale der Grünen Piraten nicht dabei gewesen wäre!«

»Was habt ihr denn jetzt mit dem Brief gemacht? Und was hat Miranda gesagt?« Ben hatte sich in der Zwischenzeit ein Brot geschmiert. »Mann, hab ich Kohldampf. Wollt ihr auch was essen?«

Jannik nickte und nahm dankend die zweite Hälfte von Bens Schinkenbrot entgegen.

Lennart schüttelte den Kopf. »Ich hab keinen Hunger. Bin viel zu aufgeregt!«

»Pauline und ich waren noch mal bei Miranda und haben sie in unseren Plan eingeweiht. Sie war ganz begeistert und ist auf jeden Fall dabei«, erstattete Jannik Ben Bericht, der ja den ganzen Nachmittag über den Fußballplatz gejagt war, während sie die nötigen Vorbereitungen getroffen hatten.

»Und ich habe in der Zeit mit Lennart an Mamas Computer den Brief neu geschrieben und ausgedruckt«, steuerte Flora bei, während sie wahllos dunkle Klamotten aus ihrem

Kleiderschrank zerrte. »In dem Brief steht jetzt: *Dringend! Heute um 21 Uhr neue Ladung abholen.*«

»He, Flora«, kicherte Lennart und kämpfte sich aus einem Berg von Pullovern und Jacken, der auf ihm gelandet war. »Das willst du doch nicht alles anziehen, oder?«

Flora drehte sich zu ihm um. »Wer weiß, was uns da gleich erwartet?! Wir müssen uns gut tarnen. Okay, vielleicht nicht gerade mit einem Bademantel.« Der dunkelblaue Kapuzenbademantel flog kurzerhand in die Ecke.

»Und was war jetzt mit dem Brief?«, fragte Ben kauend. »Habt ihr ihn weggebracht?«

»Klar, wir haben noch auf Pauline und Jannik gewartet und dann sind wir los zur Bachstraße«, klärte Lennart ihn auf. »Jannik und ich haben gegenüber auf der anderen Straßenseite gestanden. Flora hat den Brief dann in den roten Kasten geworfen und Klingelmännchen gemacht.«

»Und dann ist sie weggerannt, als hätte sie einen ganzen Hornissenschwarm hinter sich«, lachte Jannik. »Wir wollten doch sehen, wer da wohnt. Der Typ hat aber nicht aufgemacht. Ich habe ihn nur kurz hinter der Gardine gesehen. Also ich meine, das könnte gut der Mann aus der Kiesgrube gewesen sein.«

Ben machte große Augen. »Und? Hat er den Brief gelesen?«

»Hoffentlich.« Lennart zuckte mit den Achseln. »Sonst funktioniert unser ganzer Plan nicht.«

»Und was ist mit dem Journalisten? Habt ihr den auch informiert?«, wollte Ben wissen.

»Na klar«, sagte Flora. »Felix Mattes heißt der. Wir haben bei der Redaktion einen Brief eingeworfen.«

»Und wenn wir Glück haben, hat er ihn noch bekommen, bevor er Feierabend hatte.« Jannik warf einen besorgten Blick auf die Uhr. »Mensch, Leute, wir müssen gleich los!«

»Du hast recht! Kommt, zieht euch um«, drängte Flora die drei Jungs. »Ihr braucht dunkle Sachen, sonst kann uns der Typ schon von Weitem sehen. Und beeilt euch, wir müssen uns an der Grube noch ein gutes Versteck suchen.«

Ein paar Minuten später klingelte es und Pauline stand vor der Tür. Ihr Gesicht war vor Anstrengung gerötet und passte sich wunderbar der roten Farbe ihres Fahrradhelms an. »Bin ich froh, dass ihr noch da seid! Ich bin gerast wie eine Verrückte«, japste sie und wischte sich den Schweiß von der Stirn. Sie wurde von den anderen Piraten überschwänglich begrüßt.

Die fünf bildeten einen Kreis und legten in der Mitte die Hände übereinander.

»Ihr Grünen Piraten, jetzt wird‘s ernst! Denkt daran, immer in Deckung zu bleiben!«, sagte Lennart und blickte die anderen eindringlich an. »Wir wissen nicht, wie gefährlich der Typ ist.« Die anderen nickten mit entschlossenen Gesichtern.

Das laute Knattern eines alten Motorrades riss sie aus ihren Gedanken. Flora rannte zum Küchenfenster und warf einen Blick auf die Straße. »Das ist Miranda«, sagte sie aufgeregt. »Es geht los!«

Die Kinder packten eilig ihre Sachen zusammen und verließen die Wohnung der Sonnenfelds.

Flora setzte sich ihren Fahrradhelm auf und schloss die Wohnungstür ab. »Zum Glück ist Oma Greta heute Abend beim Chor. Sonst wäre es gar nicht so leicht gewesen, unbemerkt an ihrer Wohnungstür vorbeizukommen.«

Kurz darauf standen die Kinder draußen vor dem Mehrfamilienhaus. Inzwischen war es bereits dunkel geworden und nur die Straßenbeleuchtung spendete ein spärliches Licht.

Flora fröstelte und zog ihre Jacke enger um sich.

»Hoffentlich geht alles gut!«, murmelte Jannik nervös.

Sie sahen sich nach Miranda um und entdeckten das Motorrad ein Stück weiter zwischen den parkenden Autos.

Miranda winkte ihnen zu.

Jannik, Flora und Ben winkten zurück, schwangen sich auf ihre Fahrräder und waren schnell in der Dunkelheit verschwunden.

Aufgeregt liefen Pauline und Lennart zu dem Motorrad, das mit laufendem Motor wartete.

»Hallo, ihr zwei. Seid ihr bereit?« Mirandas Augen blitzten unternehmungslustig.

Die Kinder nickten angespannt. Sie waren bereit, aber vor Aufregung klopfte ihnen das Herz bis zum Hals. Hoffentlich ging ihr Plan auf! Mit gemischten Gefühlen nahmen sie die beiden Helme entgegen. Lennart stieg auf den hinteren Sitz und reichte Pauline seinen Rucksack in den Beiwagen herüber.

»Dann wollen wir uns diese Verbrecher mal vornehmen«, rief Miranda gegen den Motorenlärm und gab Gas.

Pauline genoss die Fahrt durch die nächtlichen Straßen. In dem kuschelig gepolsterten Beiwagen saß sie windgeschützt und warm. Die Straßenlaternen flogen nur so an ihr vorbei und sie fragte sich, was sie und ihre Freunde eigentlich gemacht hatten, bevor es die Grünen Piraten gegeben hatte.

Bald erreichten sie die Landstraße und die letzten Lichter der Stadt blieben hinter ihnen zurück. Jetzt war es nicht mehr weit.

Kurze Zeit später parkte Miranda das Motorrad in Sichtweite des Falterwerks gut versteckt in einem kleinen Waldstück, das vor den angrenzenden Feldern lag. Das Werksgelände war hell erleuchtet, aber menschenleer.

»So, Kinder«, sie schaute auf die Uhr, »wenn alles nach Plan läuft, müsste der Fahrer in einer Viertelstunde hier auftauchen. Am besten lasst ihr die Helme auf. Wenn es gleich losgeht, müssen wir schnell wieder im Sattel sein.«

Lennart und Pauline sahen sich an. Beide hatten ein ziemlich mulmiges Gefühl im Bauch und waren heilfroh, dass Miranda bei ihnen war.

Lennart griff nach dem Rucksack und packte sein Fernglas aus der Hülle. Sorgsam suchte er das Firmengelände nach den verdächtigen Kanistern ab.

Die Spannung war kaum auszuhalten und Pauline wünschte sich fast in ihr Bett zurück. Plötzlich raschelte es direkt neben ihr, ein leises Schnaufen und Röcheln war zu hören. Erschrocken presste sie die Hand vor den Mund.

Ein kleines, stacheliges Wesen tapste durchs Unterholz. »Ist nur ein Igel«, flüsterte sie Lennart erleichtert zu.

Mit einem Mal stand Miranda ruckartig auf. »Achtung, da kommt ein Auto!«

Angespannt lauschten die drei in die Dunkelheit. Das Motorengeräusch erstarb und Stille senkte sich wieder über sie herab.

»Da kommt schon wieder eins!« Lennart spähte angestrengt durch sein Fernglas. »Es ist der Lieferwagen«, krächzte er heiser.

Tatsächlich! Mit hoher Geschwindigkeit fuhr ein weißer Lieferwagen auf das Werksgelände zu und hielt am Haupteingang.

Die Fahrertür flog auf und ein Mann sprang hinaus. Eilig schloss er das große Tor auf.

»Und, ist er das?«, flüsterte Miranda.

Lennart nickte aufgeregt. »Das ist der Typ aus der Kiesgrube!«

Der Lieferwagen rollte auf das Firmengelände und steuerte die Produktionshallen an. Dort wendete er und parkte mit der Heckklappe zum Werksgebäude, sodass die drei nur die Front zu sehen bekamen. Was sich dahinter abspielte, entzog sich ihren Blicken.

Kurz darauf stieg der Mann wieder ein, um die hintere Halle anzufahren. Hier machte er erneut Halt.

»Wir sollten uns startbereit machen«, sagte Miranda leise. »Steigt schon mal auf, sonst verlieren wir gleich wertvolle Sekunden.«

Einen Augenblick später bog der Lieferwagen um die Ecke und fuhr auf das Pförtnerhäuschen zu. Nachdem der Fahrer das Tor passiert hatte, hielt er kurz an und verriegelte die Zufahrt wieder. Dann brauste er in Richtung Schnellstraße davon.

Sofort ließ Miranda das Motorrad an und nahm die Verfolgung auf. Pauline klappte ihr Visier herunter und zog die Schultern ein. Lennart klammerte sich an der Fahrerin fest und versuchte dabei, die Rücklichter des Lieferwagens im Auge zu behalten.

Pauline und Lennart starrten so konzentriert nach vorne, dass sie das Auto, das ihnen seit einiger Zeit folgte, erst gar nicht bemerkten. Wo war es plötzlich hergekommen? Es hielt immer den gleichen Abstand. Pauline versuchte, den beiden anderen ein Zeichen zu geben und deutete hinter sich. Miranda warf einen Blick in den Rückspiegel und nickte, dann nahm sie das Gas zurück und wurde langsamer, aber das Auto blieb trotzdem hinter ihnen, anstatt sie zu überholen. Hatte der Mann im Lieferwagen etwa einen Komplizen?

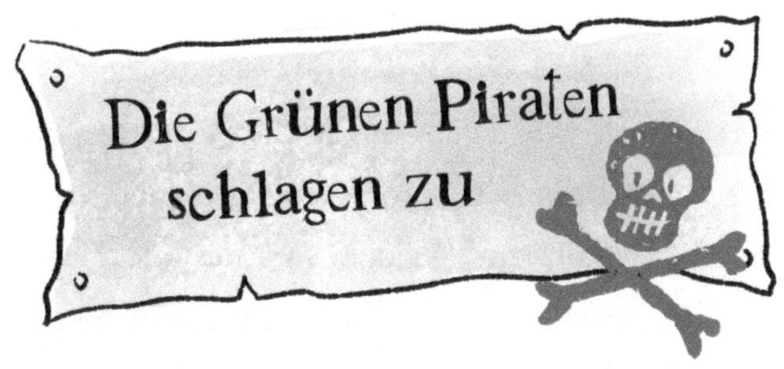

»Festhalten!«, schrie Miranda. In der nächsten Kurve gab sie derart heftig Gas, dass Pauline im Beiwagen Oma Gretas Puddingstreuselkuchen hochkam. Miranda riss den Lenker herum und das Motorrad schlitterte rechts in einen Waldweg. Im gleichen Moment schaltete sie das Licht aus. Kaum hatte sie das Motorrad zum Stehen gebracht, fuhr auch schon das Verfolgerauto auf der Schnellstraße an ihnen vorbei.

»Puh!« Lennart klappte das Visier seines Motorradhelms hoch. »Das war aber knapp!«

»Hoffentlich haben wir den abgehängt«, sagte Miranda mit sorgenvoller Miene. »Wie konnte ich mich nur auf so etwas einlassen! Ich bin wirklich bescheuert!« Sie schüttelte den Kopf.

»Mir ist schlecht«, beklagte sich Pauline und versuchte mühsam, ihre langen Beine aus dem Beiwagen zu befreien. »Mein Fuß ist eingeschlafen, das kitzelt höllisch!« Lautes Handyklingeln unterbrach ihr Gejammer.

»Das ist meins.« Lennart kramte in seiner Jackentasche.

»Hallo? ... Jannik! ... Wo seid ihr? ... Okay, das Versteck finden wir schon. Was? Du siehst Scheinwerfer? Wo? ... Ein Auto? ... Pass auf, wir sind verfolgt worden, es könnte also sein, dass noch ein Kollege von dem Kanistertypen kommt. ... Ja, alles klar, wir sind schon unterwegs! Und denkt an die Kamera!«

»Wir sind ja auch nicht komplett blöd«, murmelte Jannik sauer. Sein Bruder konnte ihn manchmal ganz schön auf die Palme bringen. Natürlich hatten sie schon längst die Kamera bereit. Ben, Flora und Jannik hatten sich am oberen Rand der Kiesgrube ein Versteck gesucht, von dem aus sie die ganze Grube überblicken konnten, gleichzeitig waren sie durch die herabhängenden Zweige eines großen Holunderstrauches gut getarnt. Hier lagen sie nun seit gut einer halben Stunde auf der Lauer und Flora hatte bestimmt schon zwanzig Mal ausprobiert, ob die Kamera auch funktionierte.

»Da! Er kommt!« Aufgeregt stieß Jannik abwechselnd Flora und Ben in die Seite. »Das ist er! Ich werd verrückt!«

»Jetzt halt mal die Klappe!«, zischte Flora. »Er muss uns ja nicht gleich hören, wenn er aussteigt.«

Auch Ben warf Jannik einen wütenden Blick zu.

Im schwachen Licht des Mondes konnten die Kinder deutlich erkennen, dass es sich um einen weißen Lieferwagen handelte, der jetzt von rechts über die Zufahrtsstraße langsam in die Grube hinunterfuhr. Der Wagen steuerte diesmal die gegenüberliegende Ecke der Kiesgrube an. Der Fahrer hatte ihre Nachricht also tatsächlich für einen echten Brief vom Chef des Falterwerks gehalten! Jannik konnte sich ein triumphierendes Grinsen nicht verkneifen.

»Wo bleiben die anderen denn nur?!« Flora wurde langsam nervös. »Hast du ihnen auch genau erklärt, wo sie uns finden können?«

»Na klar, aber sie mussten noch einen Verfolger abhängen«, flüsterte Jannik zurück.

»Wie bitte?!« Flora ließ die Kamera sinken und starrte ihn entsetzt an. »Was denn für einen *Verfolger*?!«

Jannik zuckte mit den Schultern. »Keine Ahnung, das hat Lennart gerade am Telefon gesagt. Er meinte, wir sollten vorsichtig sein, weil ihnen ein Auto gefolgt ist.«

»Na, das wird ja immer besser!« Flora spürte plötzlich zehntausend Ameisen im Bauch.

»Flora, vergiss nicht, die Fotos zu machen!« Ben schob sich langsam rückwärts. »Ich schau mich besser mal an der Zufahrt um. Behaltet ihr den Typen im Auge.«

Der Fahrer hatte gerade Schaufel und Kanister ausgeladen und begann zu graben. Flora hielt die Kamera wieder hoch und hoffte inständig, dass sie bald Verstärkung bekommen würden.

Ihr Wunsch wurde schon wenige Minuten später erfüllt.

Laut knackende Äste und raschelnde Blätter ließen Jannik und Flora zusammenschrecken.

»Pssst, wir sind's!«

»Lennart!« Noch nie war Jannik so glücklich gewesen, die Stimme seines Bruders zu hören. »Da seid ihr ja endlich! Hier, schaut mal durch das Fernglas, unser Freund ist schon bei der Arbeit.«

»Habt ihr Ben getroffen?«, fragte Flora leise. »Er wollte an der Zufahrt nach dem Verfolgerauto Ausschau halten.«

»Nein, wir dachten, Ben ist bei euch?! Wäre es nicht klüger gewesen zusammenzubleiben?«, flüsterte Pauline und starrte angestrengt in die Grube. »Da, ich seh ihn! Wie viele Kanister hat er denn diesmal dabei?«

»He, wer ist das denn?!« Miranda deutete auf eine schlanke Gestalt, die sich geduckt an den Lieferwagen heranschlich.

»Ben ist es auf jeden Fall nicht«, sagte Flora. »Der ist kleiner.«

Plötzlich flammte für den Bruchteil einer Sekunde ein grelles Licht auf und beleuchtete die Szene.

Der Fahrer erstarrte, ließ dann die Schaufel fallen und lief in die Richtung, aus der das Blitzlicht gekommen war. Der andere Mann verließ seine Deckung und rannte ebenfalls los. Er hielt eine große Kamera in der Hand und stolperte über den unebenen Boden.

»Das muss Felix Mattes sein, der Journalist«, flüsterte

Pauline. »Dann hat er unsere Nachricht ja doch noch rechtzeitig bekommen.«

»Na klar!« Lennart schlug sich vor die Stirn. »Das war gar kein Komplize – das war der Journalist, der hinter uns her gefahren ist. Und der wollte nicht *uns* verfolgen, sondern den Lieferwagen!«

»Mist, der andere hat ihn gleich eingeholt«, piepste Jannik aufgeregt.

»Wie kann der auch nur so leichtsinnig sein, hier mit Blitzlicht zu fotografieren?!« Miranda schüttelte fassungslos den Kopf.

Mattes' Verfolger war eindeutig schneller! Es würde nicht mehr lange dauern, bis er den Journalisten erreicht hatte. Und was der dann mit ihm machen würde, das mochten die Kinder sich gar nicht ausmalen.

»Ben!« Flora unterdrückte einen Schrei und sprang auf. »Was macht der denn da?!«

Ben schlitterte auf der gegenüberliegenden Seite den steilen Hang hinunter und rannte auf den Lieferwagen zu.

»Ist der Junge denn verrückt geworden?!«, stöhnte Miranda. »Das ist lebensgefährlich, was der da macht!«

»Los, Miranda, tu was!« Flora zerrte am Arm der Älteren.

»Wo ist bloß mein Handy!?« Miranda durchsuchte hektisch ihre Jackentaschen. »Ich rufe jetzt die Polizei!« Schnell wählte sie die 110. Mit knappen Worten schilderte

Miranda dem Beamten die Vorgänge in der Kiesgrube. Der versprach, sofort einen Einsatzwagen loszuschicken.

Wie gelähmt standen die Kinder und Miranda am Rand der Grube und beobachteten, wie Ben in die Fahrerkabine

kletterte. Kurz darauf ertönte ein lautes Hupen. Der Fahrer des Lieferwagens gab sofort die Verfolgung des Journalisten auf und stürmte zurück in Richtung Fahrzeug. Ben sprang aus der Fahrertür, winkte klimpernd mit einem Schlüsselbund und warf ihn in hohem Bogen quer durch die Grube. Der Fahrer hechtete laut fluchend seinem Schlüsselbund hinterher, überlegte es sich dann aber anders und sah sich nach Ben um. Der war inzwischen auf das Versteck der Piraten zugestürmt und sprintete die letzten Meter bis zum Grubenrand.

»Los, Ben, lauf schneller!«, feuerte Flora ihren Bruder an.

Mit einem riesigen Satz sprang Ben am steilen Grubenhang hoch. Hektisch versuchte er nach oben zu klettern und in dem rutschigen Erdreich Halt zu finden. Der Verbrecher rannte ihm nach, aber zum Glück hatte Ben einen großen Vorsprung. Alle streckten Ben die Arme entgegen, um ihn nach oben zu ziehen. Mit vereinten Kräften hievten sie ihn über die Abbruchkante.

Völlig erschöpft ließ sich Ben ins Gras fallen.

Miranda sah sich nach dem Verfolger um. Gleich hatte er den Abhang erreicht. »Schnell, steh auf! Wir müssen hier weg!«

Der Mann versuchte, es Ben gleichzutun und den Hang hochzuklettern, aber er schaffte es nicht, er rutschte immer wieder ab. Als ganz in der Nähe das Martinshorn der Polizei ertönte, drehte er um und rannte zur Zufahrt. Von rechts näherten sich Scheinwerfer.

»Lasst uns abhauen!«, zischte Pauline. »Hier wimmelt es gleich von Polizisten!«

»Aber ich will sehen, wie sie den Typen verhaften!«, maulte Jannik, der sich mit der Polizei im Rücken wieder sicherer fühlte.

»Nein«, entgegnete Miranda. »Wir verschwinden besser, sonst müssen wir der Polizei gleich einiges erklären.«

»Und unseren Eltern auch«, ergänzte Pauline.

Geduckt schlichen sie durch das Gestrüpp zum Zaun zurück.

»Wartet mal kurz«, sagte Lennart. Er zog ein Blatt aus seinem Rucksack und beschwerte es mit einem Stein. Der grüne Totenkopf!

Piratenparty

Am nächsten Tag hatten es die Kinder besonders eilig, nach dem Mittagessen die Hausaufgaben zu machen, damit sie endlich zum Hausboot fahren konnten. Natürlich hatten sie alle heute Morgen die Schlagzeile in der Bieberheimer Morgenpost gelesen: *Grüne Piraten stoppen illegale Giftmülldeponie! Bieberheimer Unternehmer wurden Opfer von skrupellosen Verbrechern.* In der Schule hatte es kaum ein anderes Gesprächsthema gegeben als das Rätsel um die Grünen Piraten!

Ben und Flora kamen nachmittags als Letzte am Hafenbecken an.

Für die Grüne-Piraten-Party an Deck war schon alles vorbereitet. Miranda hatte eine große grüne Picknickdecke ausgebreitet und neben vielen Leckereien natürlich auch ihre köstliche Zitronenlimonade in die Mitte gestellt.

»Da seid ihr ja endlich!«, begrüßte Lennart die Geschwister.

»Hey«, rief Ben. »Die blöden Hausaufgaben haben so lange gedauert.« Er polterte über den Bootssteg und sprang mit einem Satz an Bord. »Egal, wenn es mit der Schule nicht klappt, werde ich eben Detektiv!«

Miranda lachte. »Das Zeug dazu hast du auf jeden Fall! Aber trotzdem machst du so einen Quatsch wie gestern nicht noch mal!« Sie drohte ihm mit dem Zeigefinger. »Ich wäre fast gestorben vor Angst.«

»Und ich erst!«, rief Flora, die hinter ihrem Bruder an Deck hüpfte.

»So, dann können wir ja loslegen«, sagte Jannik, dem beim Anblick der leckeren Sachen schon das Wasser im Mund zusammenlief. Fiona hatte sich unter den wachsamen Blicken von Ernie und Bert flink einen Keks geschnappt und knabberte zufrieden, eng an Janniks Hals gekuschelt.

»Ist das nicht witzig, dass sich jetzt ganz Bieberheim fragt, wer die Grünen Piraten sind?« Lennart grinste.

»Das ist zum Glück unser Geheimnis«, sagte Pauline und zog eine Zeitung aus ihrem Rucksack. »Hier, die habe ich heute Morgen meinem Vater stibitzt.«

Vorne auf der Titelseite prangte das Foto, das Felix Mattes in der Kiesgrube geschossen hatte. Es war deutlich zu erkennen, wie der Verbrecher die Kanister verscharrte.

»Zum Glück ist das Foto von dem Journalisten was geworden.« Lennart warf einen kurzen Seitenblick auf Flora und grinste anzüglich. »Es hat ja nicht jeder Talent zum Fotografieren.«

»Dann versuch du doch mal, im Dunkeln ohne Blitzlicht gute Bilder zu machen«, fauchte Flora wütend.

Noch gestern Abend hatten die Kinder enttäuscht festgestellt, dass auf Floras Digitalkamera nur schemenhafte Lichtpunkte zu erkennen waren.

Pauline schlug die Zeitung auf. »Mein Vater war total entsetzt, als er das über die Giftkanister gelesen hat.«

»Meine Mutter konnte es auch nicht fassen.« Flora hatte sich wieder beruhigt und griff nach einem Käsebrötchen. »Das ist ja auch echt unglaublich! Da haben diese Verbrecher jahrelang irgendwelche Giftstoffe einfach in der alten Kiesgrube verbuddelt!«

»Und die Unternehmer wussten angeblich von nichts«, fiel Lennart ihr ins Wort.

»Haha, wer soll das denn glauben!« Ben verzog das Gesicht. »Und warum hat der Bürgermeister dem Chef vom Falterwerk unseren Brief gegeben?«

»Genau, und wieso hat der den Brief dann zerrissen, wenn er angeblich von nichts wusste?«, meinte Jannik.

»Wartet mal«, Lennart nahm Pauline die Zeitung aus der Hand, »hier steht, dass das Falterwerk diese Typen beauftragt hat, ihre Holzschutzmittelreste zu entsorgen. Das ist ja soweit auch nicht strafbar. Dass Streit vermutlich wusste, dass da was nicht stimmt, muss ihm die Polizei erst mal nachweisen. *Unternehmer Albert Streit sichert der Polizei seine volle Unterstützung bei der Aufklärung des Skandals zu*«, las er vor. Dann überflog Lennart den Artikel noch einmal, obwohl er ihn bestimmt schon dreimal gelesen hatte. »Die Polizei hat inzwischen auch noch Fässer mit Altöl und Bauschutt gefunden. Sie vermuten, dass noch mehrere Unternehmen aus der Umgebung die Dienste dieses Verbrechers in Anspruch genommen haben.«

»Der Mann hat sich einfach als Entsorgungsfirma vorgestellt, Geld kassiert und den Giftmüll dann vergraben, anstatt ihn auf eine Sondermülldeponie zu bringen«, erklärte Miranda und schenkte allen noch eine Runde Limonade ein. »Und die Unternehmer wollten wohl gar nicht so genau wissen, wo der Giftmüll landet. Hauptsache, der Preis für die Entsorgung ist niedrig.«

»Am besten finde ich diese Stelle«, sagte Jannik und tippte auf eine Bildunterschrift. »Hier steht's: *Prominentes Opfer: Auch Bürgermeister Erwin Klotzmeier hatte Bauschutt seiner Firma über die Verbrecherbande entsorgen lassen. Klotzmeier zeigte sich fassungslos über die Skrupellosigkeit der angeblichen Entsorgungsfirma und fordert von den Verbrechern Schadenersatz.*«

»Was für eine Schweinerei!« Ben schlug mit der Faust auf die Bootsplanken. »Heißt das jetzt, dass der Bürgermeister und dieser Albert Streit überhaupt nicht bestraft werden?«

»Sieht ganz so aus«, empörte sich Miranda.

»Den Kerl müssen wir im Auge behalten!«, sagte Ben. »Das nächste Mal kommt der den Grünen Piraten nicht so einfach davon!«

Miranda nickte grimmig. »Irgendwann kriegen wir den auch noch dran!«

Lennart grinste. »Das hört sich ja fast so an, als ob du bei den Grünen Piraten mitmachen willst, Miranda?« Er wurde rot. »Ich meine natürlich *Sie* und *Frau Mühl*–«

»Nein, nein, das ist schon okay.« Sie fiel ihm lachend ins Wort. »Mit wem ich solche Abenteuer bestehe, der darf mich auch duzen und *Miranda* sagen.«

»Dann ernennen wir dich hiermit offiziell zum Ehrenmitglied der Grünen Piraten!«, verkündete Pauline feierlich und hob ihr Glas.

Die anderen Kinder stimmten begeistert zu.

»Na, darauf spendiere ich noch eine Runde Limo.« Miranda lächelte gerührt und verschwand in der Kombüse, um für Nachschub zu sorgen.

»Meint ihr, dass wir noch mal so etwas Aufregendes erleben?«, fragte Jannik seine Freunde mit leuchtenden Augen.

»Na klar!« Ben schlug ihm begeistert auf die Schulter. »Ich bin sicher, dass es für die Grünen Piraten noch viel zu tun gibt!«

Paulines Info-Seite

So viel Müll!

Als ich gestern das zweite Mal am Tag bei uns den Müll rausbringen musste, habe ich mich echt gewundert. Mama, Papa und ich, wir sind nur zu dritt, und wir produzieren so viel Müll? Das muss sich ändern! Darum habe ich mir ein paar Gedanken gemacht.

Ich trinke gerne Saft. Aber den kaufen wir nur noch in Mehrwegflaschen ein, denn Einwegplastikflaschen und Tetrapack verursachen ganz schön viel Müll.

Zum Einkaufen nehmen wir immer einen Beutel oder einen Rucksack mit, so brauchen wir auch keine Papiertragetasche vom Supermarkt mehr, denn auch die landen früher oder später auf der Müllkippe (oder in der Altpapiertonne).

Kennst du Unverpackt-Läden? Ich habe mit meinen Eltern einen besucht. Dort gibt es Nudeln, Müsli und sogar Shampoo ohne Verpackung. Nimm am besten auch gleich ein paar leere Dosen oder Gläser mit Verschluss mit, in die du dir etwas abfüllen lassen kannst.

Ab und zu esse ich gerne Süßigkeiten. Aber jetzt gucke ich mir vor dem Kauf im Geschäft die Verpackung genauer an: Wenn alles einzeln verpackt und dann noch mal umverpackt ist, hat man nach dem Auspacken sehr viel Plastikmüll. Vielleicht gibt es auch ähnliche Süßigkeiten, die nicht doppelt verpackt sind?

Meine aussortierten Bücher gebe ich der Schulbücherei in unserer Grundschule, so können andere Kinder sie auch noch lesen.

Uns ist aufgefallen, dass wir sehr viel Küchenrolle benutzen, wenn man etwas aufwischen muss. Dadurch entsteht ziemlich viel Müll. Deshalb habe ich aus meiner alten Bettwäsche Quadrate in der Größe der Küchenrollen-Quadrate geschnitten. Das Tolle daran: Die Tücher können in die Waschmaschine und immer wieder benutzt werden.

Wusstest du, dass fast ein Drittel der produzierten Lebensmittel im Müll landen, obwohl vieles, was weggeworfen wird, eigentlich noch genießbar ist? Aus dem Obst, dass nicht mehr ganz so proper aussieht, mixe ich mir einfach einen Fruchtshake. Und die überreifen Bananen kann man auch prima in Pfannkuchenteig mischen oder einen Kuchen damit backen.

Floras Upcyclingideen

Aus alt mach neu!

Gestern gab es wieder Oma Gretas megaleckere Maispfannkuchen. Weil Ben immer gleich drei davon verdrückt, backt sie immer jede Menge . Als ich nach dem Essen die leeren Konservendosen wegwerfen wollte, habe ich mich gefragt, ob man nicht noch etwas Sinnvolles damit anfangen kann. Wie Miranda schon sagt: Man kann alles noch mal gebrauchen ...

Da wächst was drin

Einige Konservendosen, meine alten Gummistiefel und alte Plastikverpackungen habe ich zu Pflanzgefäßen umgebaut. In den Boden habe ich Löcher gemacht, damit überschüssiges Wasser abfließen kann, dann Steine oder Tonscherben eingefüllt und darüber kommt eine Schicht Erde. Vorher habe ich alle Gefäße noch bunt bemalt und dann mit Kräutern und Blumen bepflanzt. Jetzt sieht es auf unserem Balkon fast so aus wie in Mirandas Gewächshaus.

Lass es brummen

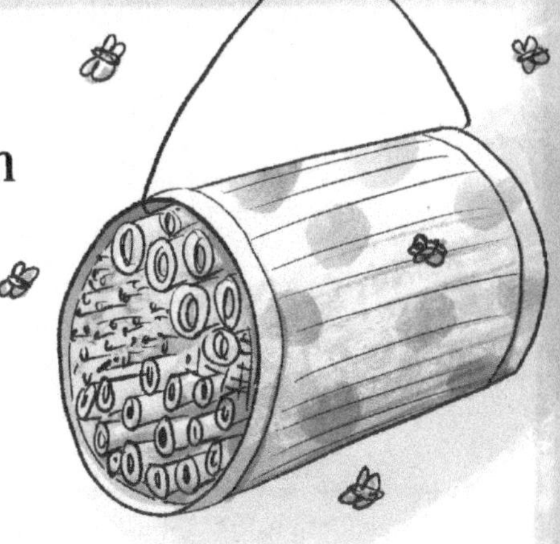

Zwei Dosen habe ich zu einem Insektenhotel umgebaut. Wir haben mit einem Nagel ein Loch in den Boden gemacht und einen Draht hindurchgezogen, an dem wir das Hotel aufhängen können. Dann haben wir so viele Bambusstäbe, Holzwolle, dünne Zweige und Röllchen aus Wellpappe hineingesteckt, bis alles ganz fest saß. Und am Ende habe ich die Konservendose noch bemalt. Jetzt hängt sie auf dem Balkon und die Insektengäste können einziehen.

Pinn it up!

Aus den Korken, die bei Mamas Weinflaschen anfallen, habe ich mir eine coole Pinnwand gebastelt. Wenn du das nachmachen möchtest, brauchst du einen Bilderrahmen und ca. 50 Korken (je nach Größe deines Bilderrahmens). Nimm das Glas aus dem Rahmen und befestige die Rückwand wieder. Halbiere die Korken mit einem Sägemesser (lass dir von einem Erwachsenen helfen). Pinsele einige Korken in deiner Lieblingsfarbe an (oder alle oder nimm verschiedene Farben, je nach Lust und Laune) und klebe sie mit Heißkleber in den Rahmen hinein. Und schon können die ersten Fotos angepinnt werden!

Bens Seite

Was kommt wohin?

Müll zu trennen ist wichtig, klar! Nur so können die einzelnen Wertstoffe wiederverwertet werden. Aber den Müll richtig zu trennen, finde ich manchmal gar nicht so einfach. Eben wollte ich einen Kassenzettel ins Altpapier werfen, da meinte Flora, der müsste in den Restmüll, nur die blauen Kassenzettel dürften ins Altpapier. Der weiße Kassenzettel wäre nämlich aus Thermopapier, das mit Chemikalien beschichtet ist, und hat deswegen im Papiermüll nichts zu suchen. Echt kompliziert! Ich habe jetzt einen Zettel in die Küche gehängt, auf dem draufsteht, was in welchen Müll gehört. Dann muss ich nicht jedes Mal überlegen. Wenn du das auch machen möchtest, dann frag bei eurem Entsorgungsunternehmen nach, was bei euch in welche Tonne darf, das ist nämlich in vielen Gemeinden unterschiedlich.

Wertstoffe

Das kommt rein:

Kunststoff, Alu, Metall, Weißblech, Materialverbundstoffe wie Getränkekartons, Styropor
In die Wertstofftonne kommen auch Plastikeimer, Spielzeug aus Kunststoff, Pfannen, Töpfe, Werkzeug, Besteck

Das kommt nicht rein:

Elektrogeräte, Batterien, Lampen, Holz, PVC-Beläge, Schuhe, Kleidung

Wertstoffe werden in der gelben Tonne oder der Wertstofftonne gesammelt

Glas kann fast zu 100% recycelt werden

Glas

Das kommt rein: Glasflaschen, Einweggläser wie z. B. Marmeladengläser (nach Farben getrennt)

Das kommt nicht rein: Trinkgläser, Fensterglas, Spiegel, Porzellan

Papier

Das kommt rein: Papier, Pappe, Karton, Zeitungen, Zeitschriften, Broschüren, Bücher, blaue Kassenzettel, Eierkartons

Das kommt nicht rein: Stark beschichtete Papiere, Fotos, Backpapier, To-Go-Becher, Thermopapier wie weiße Kasssenzettel

Biomüll

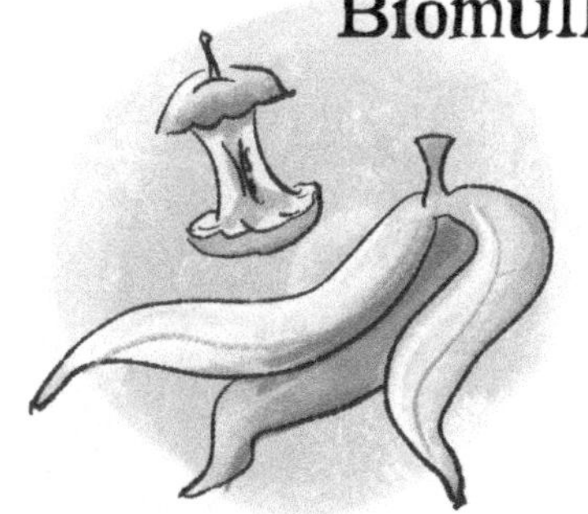

Das kommt rein: Grünabfälle, alle Lebensmittelabfälle und Essensreste, egal ob einheimisch oder exotisch, bio oder nicht bio

Das kommt nicht rein: Katzenstreu, Asche, behandeltes Holz, alles, was nicht verrottet

Restmüll

Das kommt rein: Alle anderen, nicht verwertbaren Stoffe, die keine Problemstoffe sind

Das kommt nicht rein: Altöl, Batterien, Akkus, Elektronikschrott, Autobatterien, Energiesparleuchten und sämtliche Schadstoffe wie Farben und Lacke. Das alles kannst du zum Wertstoffhof deiner Stadt bringen, wo es professionell entsorgt wird.

Janniks Tierinfos

Tiere in Gefahr

Besonders schlimm finde ich, dass immer noch so viele Menschen ihren Abfall einfach achtlos wegwerfen. Campino, Mirandas Hund, ist neulich in eine Glasscherbe getreten und sie musste mit ihm zum Tierarzt fahren. Da hatte jemand einfach eine Flasche weggeworfen, die an einem Stein zersprungen ist. Was aber, wenn ein Kaninchen oder ein Dachs dort hineintritt? Mit einem Wildtier fährt niemand zum Tierarzt und manche müssen an den Folgen sterben. Es gibt einiges an Müll in der Natur, das zur Gefahr für die Tiere wird:

Plastikteile

Kleine Plastikteile wie Schraubverschlüsse oder Gummiringe, Strohhalme oder Teile von Plastiktüten werden von den Tieren mitgegessen. Vögel verwenden Plastikreste als Nistmaterial, sodass das Wasser nicht mehr aus den Nestern abfließen kann und die Küken ertrinken müssen.

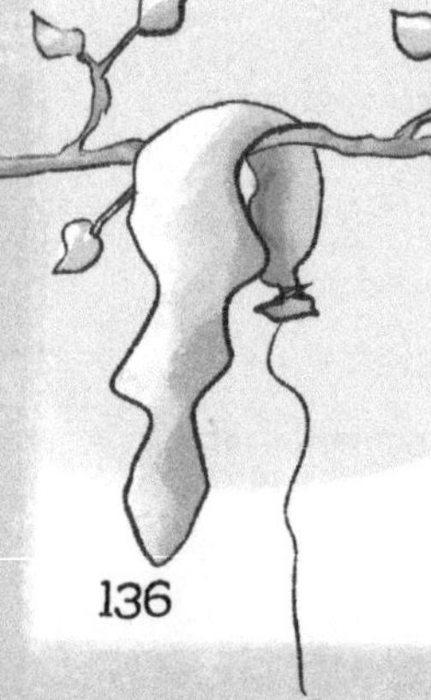

Luftballons

Luftballons sollten niemals frei fliegen gelassen werden, denn irgendwo landen sie, wenn ihnen die Luft ausgeht. In den Schnüren können sich Tiere verheddern und der Ballon kann gefressen werden und den Magen des Tieres verstopfen.

Becher und Flaschen

Leere Joghurtbecher, Limoflaschen oder Getränkedosen locken mit verführerischem Duft Igel, Dachse und Füchse an. Stecken sie erst einmal ihre Schnauzen hienein, können sie sich oft nicht mehr davon befreien und müssen verhungern. Auch für Käfer und Insekten werden Flaschen und Dosen schnell zur tödlichen Falle.

Scherben

Durch Scherben können nicht nur gefährliche Schnittverletzungen an den Pfoten der Wildtiere entstehen. Gerade im Sommer können sie auch Waldbrände auslösen, wenn das Sonnenlicht durch die Scherben gebündelt auf trockenes Gras trifft.

Lennart und ich haben uns Müllzangen gekauft und jedesmal, wenn wir mit unseren Eltern am Wochenende so einen langweiligen Spaziergang machen müssen, sammeln wir jetzt Müll im Wald auf. Mit jedem Stück Abfall, das in unsere Tüten wandert, sind die Tiere bei uns im Wald ein Stückchen sicherer. Versuch das doch auch mal. Vielleicht kannst du sogar deine Eltern dazu überreden, dir zu helfen!

Versuch macht klug!

Neulich habe ich beim Buddeln im Garten eine Verpackung von einem Schokoriegel gefunden. Natürlich hatte ich gleich Jannik in Verdacht und hab ihm unter die Nase gerieben, dass er Müll in unseren Garten schmeißt. Aber dann haben wir entdeckt, dass das Haltbarkeitsdatum schon sehr lange abgelaufen ist und das Papier schon in der Erde lag, als Jannik noch ein Baby war. Da habe ich mich gefragt, was eigentlich mit dem Müll, der auf dem Waldboden liegen bleibt, passiert und gleich ein Experiment gestartet:

Das Müll-EXperiment

Wenn du es nachmachen möchtest, befülle mehrere große Gläser mit Erde und vergrabe in jedem ein Stück Müll: z. B. ein Stück von einer Plastikverpackung oder einem Joghurtbecher, ein Spielzeugauto, ein Stück Papier und Biomüll. Beschrifte die Gläser, damit du nachher noch weißt, welcher Müll in welchem Glas ist. Und dann ruhig ab und zu ein bisschen gießen. Über die nächsten Wochen kannst du beobachten, wie sich die vergrabenen Stücke verändern.

Papier

Ritsch-Ratsch-Piraten-Papier

Wir haben unser eigenes Grüne-Piraten-Papier hergestellt. Ganz einfach aus altem Papier und Spinat. Und das Beste: Wenn man die Botschaft gelesen hat, kann man das Papier einpflanzen und es wachsen Blumen daraus. Genial, oder?

Und so geht es:

Aus alten Zeitungen und Blättern jede Menge Papierschnipsel reißen. Die Schnipsel für eine Stunde in warmen Wasser einweichen und dann mit dem Mixer zerkleinern, bis ein schöner Brei entsteht. Für die Grünfärbung etwas Spinat oder Mascha-Tee hinzugeben.

Den Papierbrei in ein Sieb schütten und abtropfen lassen. Dann die Pampe auf einem Backpapier veteilen und ein Tütchen Blumensamen darüberschütten. Ein weiteres Backpapier darüberlegen und mit einem Nudelholz vorsichtig platt rollen. Jetzt müsst ihr mindestens 24 Stunden warten, dann könnt ihr das fertige Papier vorsichtig ablösen und verwenden.

Löst mit den Grünen Piraten weitere spannende Fälle!

Die Grünen Piraten – so nennen sich die Freunde Pauline, Ben, Flora, Lennart und Jannik. Da, wo sie zum Schutz der Umwelt eingreifen, bleibt als Zeichen der grüne Totenkopf zurück. Bei ihren heimlichen Einsätzen kommen sie immer wieder in brenzlige Situationen. Zum Glück gibt es da noch Miranda, die auf einem Hausboot lebt und für jedes Abenteuer zu haben ist ...

ISBN 978-3-96594-150-2

Die Grünen Piraten – Krumme Tour auf dem Hühnerhof

Zufällig geraten Ben und Flora in den Stall des Hühnerhofs „Hühnerparadies“. Hunderte von Hühnern drängen sich hier auf engstem Raum. Die Grünen Piraten sind entsetzt und wollen etwas dagegen unternehmen: Sie bauen ein Protestmobil und demonstrieren vor dem Supermarkt in der Fußgängerzone gegen die beengte Hühnerhaltung. Doch dann wird das Protestmobil gestohlen und sämtliche Bioeier verschwinden aus den Regalen des Supermarkts. Was geht hier vor? Und wer steckt dahinter? Die Grünen Piraten nehmen die Spur auf ...

jeweils 144 Seiten, mit s/w-Illustrationen, gebunden, 14,– €, **ab 8 Jahre**

● **Lesepunkte bei Antolin sammeln!**

Die Grünen Piraten –
Alarm auf der Robbenstation

Endlich Ferien an der Nordsee – Sonne, Strand und Muscheln sammeln! Aber schon kurz nach ihrer Ankunft stoßen die fünf Freunde auf das durchwühlte Fischerhaus eines Journalisten. Und auch in der Robbenstation gehen merkwürdige Dinge vor sich: Im Wasser des Heulerbeckens schwimmen plötzlich Abfälle und die Stromversorgung bricht zusammen! Zufall? Die Grünen Piraten wittern einen neuen Fall ...

ISBN 978-3-96594-149-6

ISBN 978-3-96594-138-0

Die Grünen Piraten –
Krumme Tour auf dem Hühnerhof

Was für ein Glück für die Grünen Piraten: Ben, Flora, Pauline, Jannik und Lennart dürfen ihre Freundin Miranda auf ein Forschungsschiff in der Ostsee begleiten. Henk van Doorn, der dort das Verhalten der Schweinswale studiert, braucht eine Chemikerin an Bord. Doch dann geraten die Schweinswale in Gefahr: herrenlose Fischernetze werden zur tödlichen Falle. Und plötzlich verschwindet auch noch einer der Schweinswale vom Radar – die Grünen Piraten machen sich auf die Suche und kommen einem gefährlichen Komplott auf die Spur ...

Die Autorinnen:

Andrea Poßberg studierte in Düsseldorf Geografie, Soziologie und Politikwissenschaften (M.A.), wodurch es sie bis nach Sibirien verschlug. Sie mag Strand und Meer, am liebsten mit großen Wellen. Mit Mann und drei Kindern lebt sie in Grevenbroich. In ihrer Freizeit radelt sie gerne mit dem Fahrrad durch den Wald und natürlich liest sie auch supergerne.

Corinna Böckmann wollte eigentlich Meeresbiologin oder Archäologin werden. Doch stattdessen wurde sie Grafikerin und arbeitete für verschiedene Agenturen. Heute ist neben dem Schreiben auch das Illustrieren von Kinderbüchern ihre große Leidenschaft. Sie wohnt mit ihrer Familie und einem wuscheligen Pudel in der Nähe von Köln.

Das Freundebuch für alle Tier- und Naturfans

Die Grünen Piraten - Meine Freunde

Auf den 128 farbenfrohen Seiten dieses Albums ist viel Platz zum Eintragen, Ankreuzen und Einkleben! Hier können sich die besten Freundinnen und Freunde verewigen. Die Grünen Piraten Jannik, Lennart, Pauline, Ben und Flora haben ihren Steckbrief natürlich auch schon ausgefüllt.

ISBN 978-3-943086-52-2
je 128 Seiten, gebunden,
durchgängig farbig, 9,90 €

Eine spannende Entdeckungsreise durch die Geschmäcker der Welt

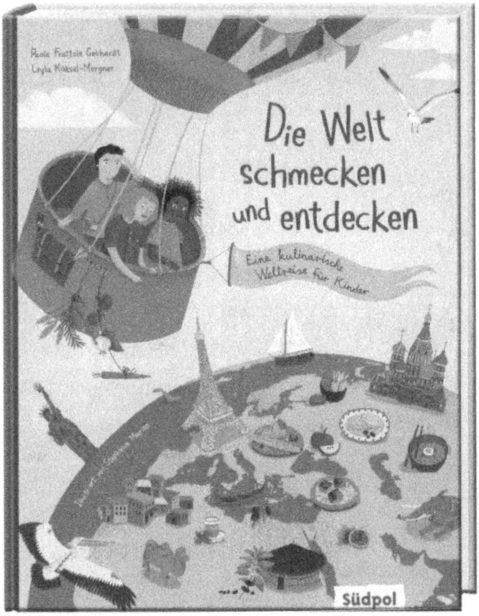

Entdecke den Geschmack der Welt und lerne 13 Kinder aus verschiedenen Ländern kennen: Wie leben Niika in Japan oder Feven in Äthiopien und was essen sie am liebsten? Welche Lieblingsrezepte haben Heitor aus Brasilien oder Gurmeet aus Indien? Einfache landestypische Rezepte laden mit Zutatenliste und Step-by-Step-Fotos zum Nachkochen ein.

Mit vielen spannenden Infos über Essgewohnheiten, Kultur und Alltag aus 13 Ländern rund um den Globus – von Italien bis Marokko, von Mexiko bis China.

Die Welt schmecken und entdecken – eine kulinarische Weltreise für Kinder
120 Seiten, geb., farbig, 23 x 31 cm, 24,00 €
ISBN 978-3-96594-083-3

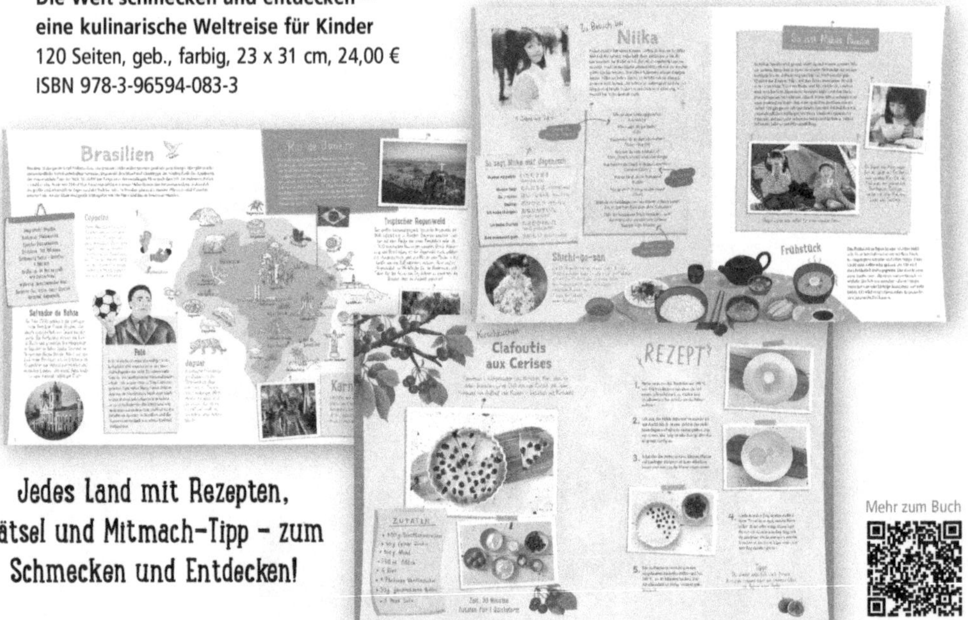

Jedes Land mit Rezepten, Rätsel und Mitmach-Tipp – zum Schmecken und Entdecken!

Mehr zum Buch